Jo-Jo

Sachunterricht 3

Erarbeitet von

Michaela Böttcher
Carina Braun
Gabriele Engels
Michaele Furgber
Hans Peter Hartmann
Gabriele Heidenreich
Renate Niklausen
Heike Rinderknecht

und der
Cornelsen Redaktion Primarstufe

Cornelsen

Inhalt

Heimatliche Spuren

Aus der Vergangenheit 6
Kleidung früher und heute Kunst 8
Galerie Kunst 9
Skizze – Modell – Grundriss 10
Vom Bild zur Karte 12
Ein Ortsplan informiert 14
Eine musikalische Landkarte Musik 15
Musik bei uns Musik 16
Rund um den Ort 17

Ich – Du – Wir

Zusammenleben braucht Regeln 18
Regeln in der Musik Musik 19
Regeln und Rituale in anderen Ländern 20
Musikalische Rituale Musik 21
Der Schulfreund Kunst 22
Jeder darf seine Meinung sagen 23
Galerie Kunst 24
Mit Streit umgehen 25
Im Kinderparlament 26
Rund um das Zusammenleben 27

Herbst

Bunt sind schon die Wälder 28
Die Eule wandert aus 29

Natur entdecken: Tiere

Vom Hausschaf 30
Schafarten 31
Vom Schafvlies zur Wolle 32
Wolle nutzen Kunst 34
Landschaftspflege durch Schafe 35
Hirtenmusik Musik 36
Rund um die Wolle 37

Umwelt erforschen

Stoffe und ihre Eigenschaften 38
Thermometer 39
Wärme und Kälte verändern 40
Rund um Stoffe 41
Wasserkreislauf 42

Tropfenklänge Musik 43
Niederschlag 44
Wind 45
Blitz und Donner 46
Galerie Kunst 47
Galerie Kunst 48
Licht 49
Licht und Farben 50
Rund um Wasser und Licht 51

Winter

Maria und Josef suchen Herberge 52
Was soll das bedeuten 53

Das bin ich

Galerie Kunst 54
Kinder entwickeln sich 55
Wenn einer sagt, ich mag dich Musik 56
Stimmungen in der Musik Musik 57
Interessen von Mädchen und Jungen 58
Vom Kind zum Erwachsenen 59
Unterschiede zwischen Frau und Mann 60
„Nein" sagen ist erlaubt 61
Hilfe bei Problemen 62
Rund um das Miteinander 63

www.unterwegs

Fahrzeuge machen mobil 64
Mobil und umweltfreundlich 65
Radfahren – aber sicher 66
Funktion und Wartung 67
Anfahren vom Fahrbahnrand 68
Vorbeifahren an Hindernissen 69
Vorfahrtsregeln 70
Umsichtiges Verhalten 71
Galerie Kunst 72
Rund um das Fahrrad 73

Natur entdecken: Tiere und Pflanzen

Menschen schaffen Gärten 74
Verschiedene Gärten 75
Sassa, die Vogelscheuche Musik 76
Galerie Kunst 77
Wovon leben Pflanzen? 78
Vermehrung von Pflanzen 79
Traumzauberbaum Musik 80
Galerie Kunst 81
Igel und Erdbeere im Jahreslauf 82
Nahrungsbeziehungen 83
Der Kuckuck Musik 84
Galerie Kunst 85
Alles hat seine Ordnung 86
Rund um die Natur 87

Frühling

Der Zitronenfalter – eine Klanggeschichte 88
Der Winter ist vorüber 89

Bauen

Galerie Kunst 90
Instrumentenwerkstatt Musik 92
Klangskulptur Musik 93
Maschinenmusik Musik 94
Galerie Kunst 95
Johannes Gutenberg – Eine Idee setzt sich durch 96
Johann Sebastian Bach Musik 98
Rund um Erfindungen 99

Wie wir leben

In der Mediothek 100
Sich in Büchern informieren 102
Musik in Griechenland Musik 104
Ein Reiseführer informiert über Kunst Kunst 106
Im Internet recherchieren 107
Kinder in Athen 108
Rund um Medien und Griechenland 109

Zeiten und Räume

Ein Museum – zwei Bauten Kunst 110
Musik aus verschiedenen Zeiten Musik 112
Töne in verschiedener Höhe Musik 113
Galerie Kunst 114
Galerie Kunst 115
Wir reiten geschwinde Musik 116
Ein besonderer Takt Musik 117
Kompass und Himmelsrichtungen 118
Galerie Kunst 120
Rund um Zeit und Raum 121

Sommer

Lachend kommt der Sommer 122
Das Gänseblümchen 122

Neu – alt – neu

Papierrecycling 124
Papierherstellung aus Altpapier 125
Papierqualität und Umweltschutz 126
Mit Papier gestalten Kunst 127
Das große, kecke Zeitungsblatt Musik 128
Galerie Kunst 129
Hinweise in Kleidungsstücken 130
Rund um das Papierschöpfen 131

Arbeitstechniken

Schätzen 132
Diagramme und Tabellen lesen 133
Ein Gesicht zeichnen 134
Einen Sachtext verstehen 135
Experimentieren 136
Sich bewegen – allein und mit anderen 137

Zum Nachschlagen 138

Heimatliche Spuren

Aus der Vergangenheit

Durch alte Häuser, Brunnen, Grabsteine, Denkmäler ... kann man erfahren, wie das Leben früher war. Man nennt sie **Zeugnisse**. Auch Menschen können über vergangene Ereignisse berichten. Sie sind **Zeitzeugen**.

Früher wurde anders und mit anderen Baustoffen gebaut als heute. Zu jener Zeit wurde aus dicken Holzbalken ein **Fachwerk** errichtet und mit Ziegelsteinen ausgemauert.

Die Baumeister schnitzten das Baujahr meist über der Tür ein.

Die **Stadtmauer** mit ihren Türmen und Toren diente zum Schutz der Stadt. Am Verlauf der Mauer kann man sehen, wie klein die Stadt einmal war.
Manche Stadtmauern sind noch so gut erhalten, dass man darauf gehen kann.

Die **Ortschronik** ist ein Buch, in dem etwas über das Leben und die Bräuche der Menschen von früher steht. Auch besondere Ereignisse im Ort wie Unglücksfälle, Feste und Besuche von bedeutenden Menschen sind ausführlich beschrieben.

Im **Stadtarchiv** gibt es viele Informationen über vergangene Zeiten. Dort werden wichtige Dokumente gesammelt und geordnet.

Haushaltsgeräte nutzten die Menschen schon lange. Sie veränderten sich im Laufe der Zeit. Früher gab es keinen elektrischen Strom. In dieses Bügeleisen wurden heiße Kohlen eingefüllt.

Selbst **Straßennamen** erzählen uns von der Lebensweise unserer Vorfahren. In dieser Straße wohnten früher die Gerber. Sie bearbeiteten Tierfelle. Dazu brauchten sie viel Wasser. Deshalb liegen diese Straßen meist in der Nähe von Flüssen.

J. G. Sauter: Oberschwäbischer Jahrmarkt, 1836

Wichtige Ereignisse, Personen und Gebäude wurden auf einem **Gemälde** festgehalten. Der Maler war ein „Fotograf". Durch die Bilder kann man sich heute noch vorstellen, wie das Leben früher aussah. Das Gemälde von **Johann Georg Sauter** zeigt eine Jahrmarktszene vor ungefähr 200 Jahren.

1 Was interessiert dich aus der Geschichte deines Ortes besonders? Wähle Zeugnisse aus, die deine Fragen beantworten können.

2 Befrage auch Personen über die Ortsgeschichte ihrer Heimat.

3 Gestaltet gemeinsam eine Wandzeitung.

Kleidung früher und heute

(Ausschnitt)

Der Jahrmarkt im Dorf war für die Leute früher ein großes Ereignis. Der Maler **Johann Georg Sauter** (1782–1856) hat dieses Ereignis auf einem Bild festgehalten. (Das ganze Bild siehst du auf Seite 7.)
Man machte sich fein und zog das Sonntagskleid an. Vornehme Bürger zeigten mit ihrer **Kleidung**, dass sie reich waren und einer bestimmten Schicht angehörten. Die Kleidung war vorgeschrieben. Oft war sie sehr unbequem und unpraktisch.

Bekleidungsstücke wurden früher in Handarbeit gefertigt. Die prachtvolle Haube der Frau im Vordergrund wurde aus Draht in Form gebogen und dann mit Spitzenbändern besetzt.

Bekleidung wird heute mit Maschinen gefertigt. So werden Hosen, T-Shirts, Pullover, Jacken und vieles mehr in Fabriken hergestellt.

Theodor Schüz: Mittagsgebet bei der Ernte, 1861

Wer mag die Bauersfamilie unter dem großen Apfelbaum sein? Der Maler **Theodor Schüz** (1830–1900) hat sie vielleicht gekannt. Denn er malte das Bild von seiner schwäbischen Heimat bei Herrenberg. Die Bauern sind bei der Ernte. Sie unterbrechen ihre Feldarbeit und machen unter dem großen Baum im Schatten Mittagspause. Vor dem Essen wird gebetet. Der **Heimatmaler** versuchte die Landschaft und die Menschen so genau wie möglich zu malen.

„Mittagsgebet bei der Ernte" ist das bekannteste Bild von Theodor Schüz.

1 Nimm eine Lupe zur Hand und entdecke die vielen Einzelheiten auf diesem Bild.

Skizze – Modell – Grundriss

Um ein Zimmer neu einzurichten, muss man sich vorher Gedanken über die Größe der Möbel und ihren Standort machen.

Gegenstände, Räume und Gebäude kann man in einer **Skizze** darstellen.
Die Skizze ist eine einfache Zeichnung. Man kann sie schnell anfertigen.
Sie gibt einen groben Überblick über Größe und Lage.

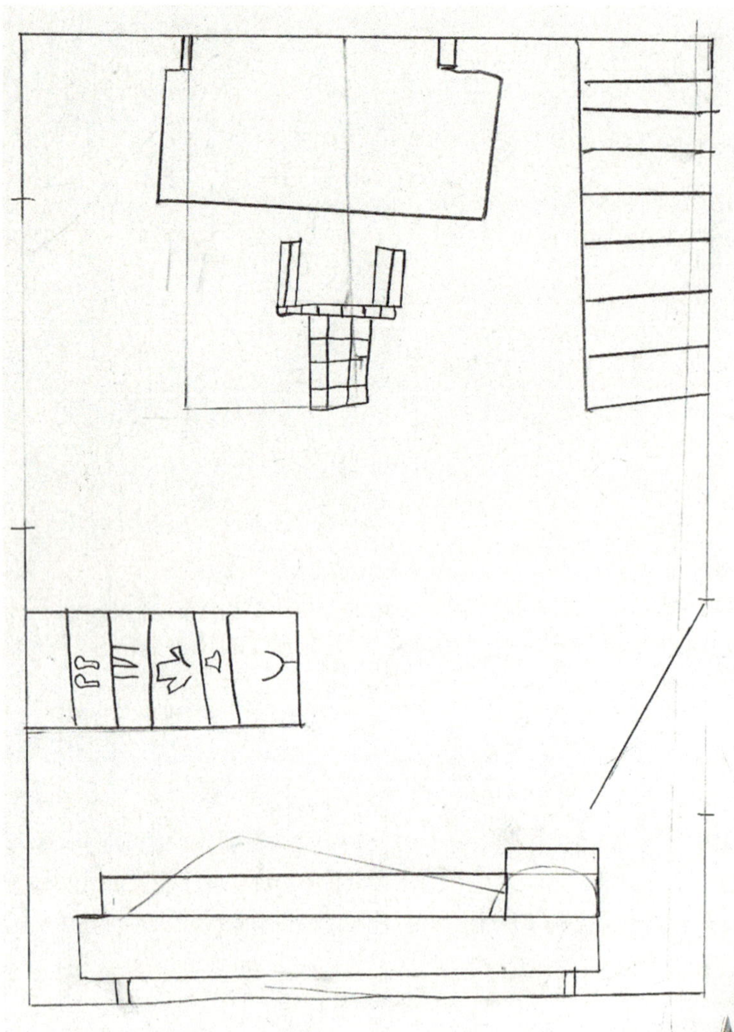

Skizze eines Kinderzimmers

Eine andere Möglichkeit der Darstellung ist das **Modell**. Die einzelnen Gegenstände lassen sich leicht verschieben.

Modell eines Kinderzimmers

1 Beschreibe die Einrichtung des Kinderzimmers genauer.

2 Vergleiche Skizze und Modell miteinander.

3 Zeichne von deinem Zimmer eine Skizze oder baue ein Modell. Vergleicht eure Arbeiten miteinander.

Um genauer planen zu können, braucht man einen **Grundriss**.
Er zeigt, wie die Wirklichkeit von oben aussieht.
Durch Linien und Flächen wird sie vereinfacht und verkleinert gezeichnet.

Mit einem Meterstab kann man Länge und Breite des Zimmers und der Möbel abmessen. Um den Grundriss genau zeichnen zu können, muss man im richtigen Verhältnis verkleinern.

In diesem Grundriss sind 10 cm in der Wirklichkeit als 1 Kästchen gezeichnet.

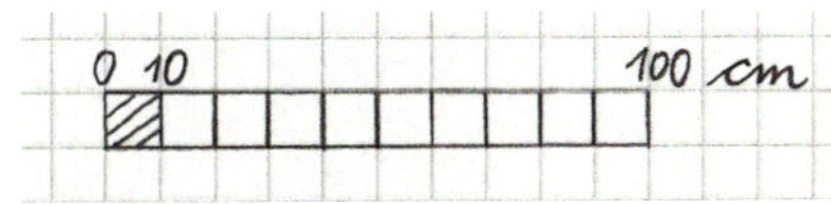

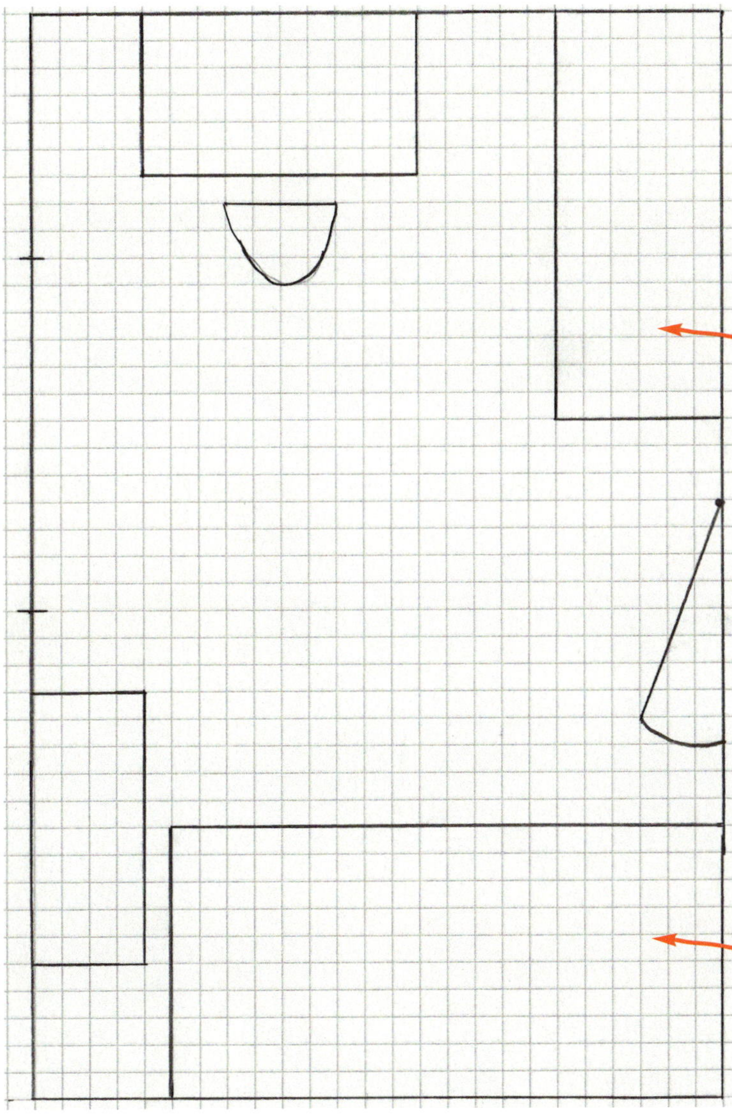

Grundriss eines Kinderzimmers

Der Schrank ist in Wirklichkeit 1 m 50 cm lang und 60 cm breit. Im Grundriss ist der Schrank 15 Kästchen lang und 6 Kästchen breit.

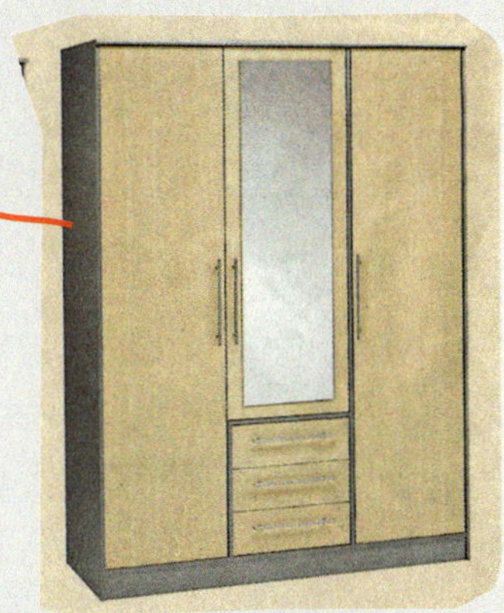

Das Bett ist in Wirklichkeit 2 m lang und 1 m breit. Im Grundriss ist das Bett 20 Kästchen lang und 10 Kästchen breit.

1 Vergleiche den Grundriss mit der Skizze des Kinderzimmers.

2 Zeichne dein Zimmer im Grundriss.

3 Wie sieht dein Traumzimmer aus? Zeichne es oder baue ein Modell.

Vom Bild zur Karte

Um mehrere Gebäude oder eine größere Landschaft darstellen zu können, gibt es Karten. Sie helfen bei der Orientierung.
So kann man sich die Entstehung einer Karte vorstellen.

1

Dieses Foto ist ein **Bodenbild**. Der Fotograf stand auf der Erde vor der Schule. Viele Einzelheiten im Vordergrund sind deutlich zu erkennen. Was dahinter oder daneben liegt ist, im Bodenbild nicht oder nur teilweise zu sehen.

2

Auf dem **Schrägluftbild** sieht man alles von schräg oben, wie von einem hohen Turm aus. Nun kann man auch hinter und neben die Schule schauen. Manche Einzelheiten auf dem Boden sind von den Baumkronen verdeckt.

3

Dieses Bild ist senkrecht aus der Luft gemacht worden. Deshalb nennt man es **Senkrechtluftbild**. Es zeigt einen großen Geländeausschnitt mit Straßen, Häusern und Baumgruppen. Von den Häusern sieht man nur noch die Dächer, von den Bäumen die Baumkronen.
Auch vom großen Schulgebäude sieht man nur das verwinkelte Dach.

4

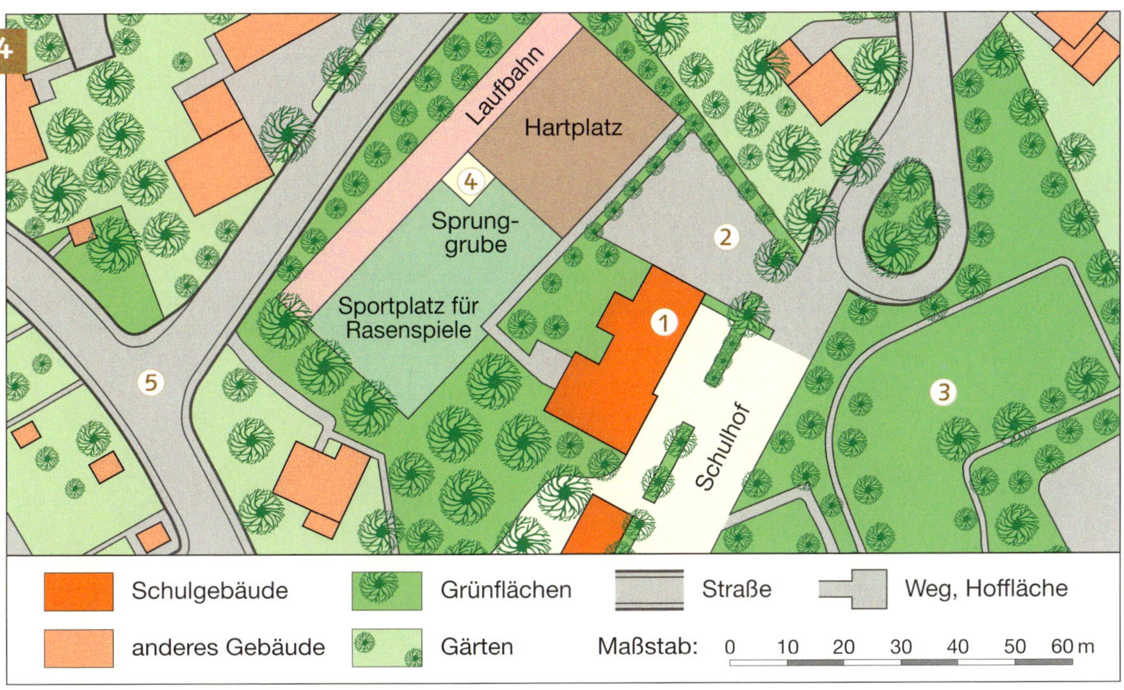

Diese gezeichnete **Karte** zeigt denselben Ausschnitt wie das Senkrechtluftbild. Karten verkleinern und vereinfachen die Landschaft.
Damit man die Farben, Striche und Symbole (Zeichen) auf der Karte deuten kann, gibt es eine Zeichenerklärung. Sie heißt **Legende**.

1 Geht auf einen hohen Berg oder Turm. Schaut euch euren Ort von oben an. Skizziert wichtige Gebäude oder Straßen.

2 Vergleicht eure Skizzen miteinander.

Ein Ortsplan informiert

Von jedem Ort gibt es einen Plan. In diesem sind Straßen und wichtige Gebäude eingezeichnet. Der Plan heißt **Ortsplan** oder **Stadtplan**. Durch ihn kann man erfahren, wo Gebäude oder Straßen liegen und wie weit sie voneinander entfernt sind. Die Orientierung wird durch **Planquadrate** erleichtert. Waagerecht verwendet man große Buchstaben und senkrecht stehen Zahlen.

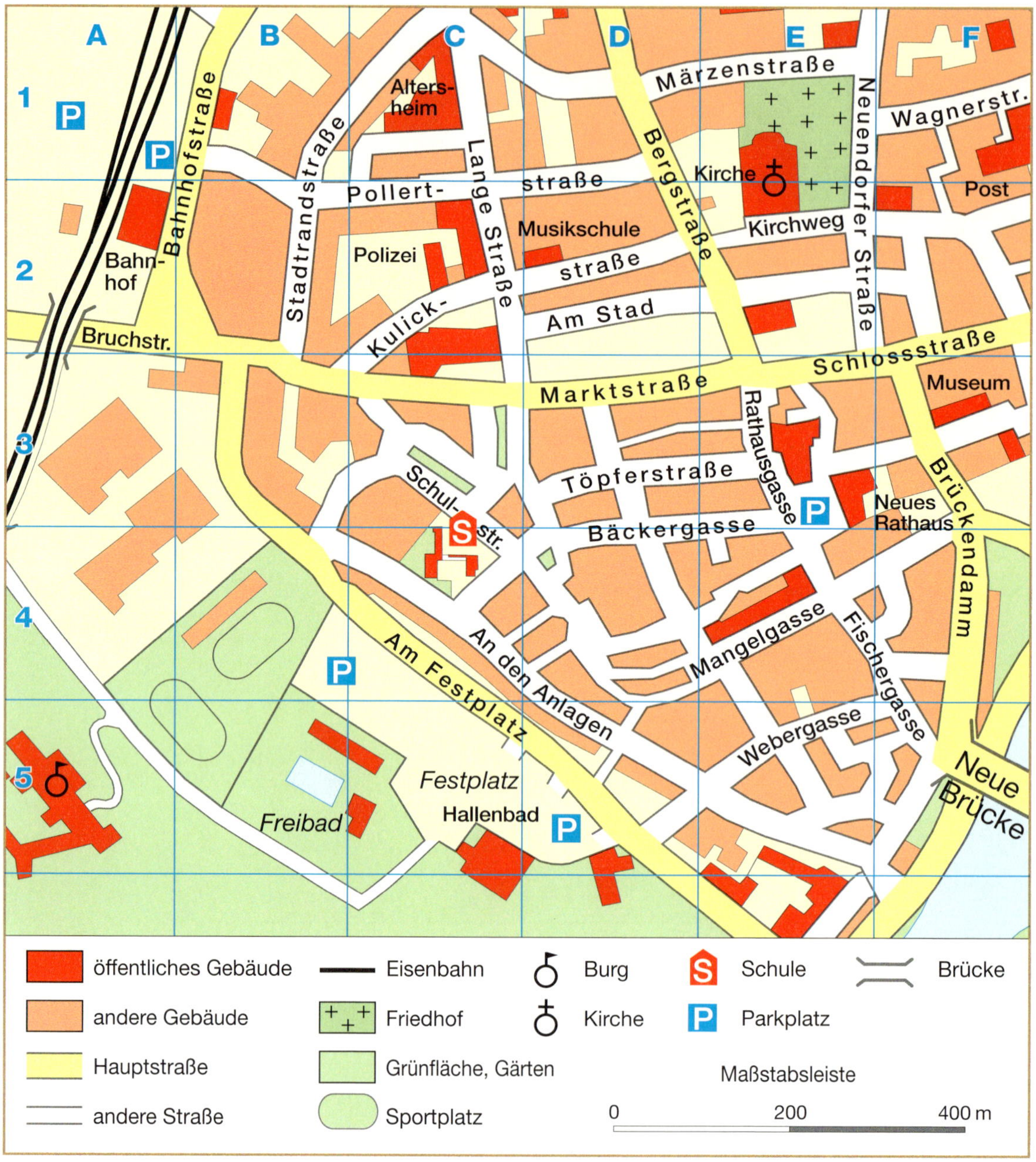

1 Wie kommt man vom Freibad zum Bahnhof? Stellt euch weitere Fragen.

2 Schätze mit Hilfe der Maßstabsleiste die Entfernung vom Bahnhof zum Freibad, von der Kirche zur Burg, vom Museum zur Musikschule.

3 Benutzt einen Stadtplan eures Ortes: Welche öffentlichen Einrichtungen und Freizeitmöglichkeiten gibt es in eurem Wohnort?

Eine musikalische Landkarte

Dieser Plan zeigt Musik und Geräusche, die an einem Wohnort hörbar sein können. In jedem Ort gibt es ganz unterschiedliche Geräusche.

1 Ein Kind macht die hier dargestellten Klänge und Geräusche hörbar. Die anderen merken sie sich mit geschlossenen Augen und spielen sie in der gleichen Reihenfolge nach (Klangkette).

2 Hört auf die Geräusche in der Nähe eurer Schule. Welche musikalische Landkarte könnte dabei entstehen?

Musik bei uns

In vielen Gegenden spielt die Blasmusik zu festlichen Anlässen im Freien auf.

Der Chor der Barockkirche in Birnau am Bodensee ist weithin bekannt. Viele Menschen besuchen seine Konzerte.

Mit Ausdauer und Begeisterung haben diese Kinder an ihrer Schule für ein Musical geprobt.

2/3

Kein schöner Land

M und T: Wilhelm von Zuccalmaglio (1840)

2. Da haben wir so manche Stund
gesessen da in froher Rund
und taten singen,
die Lieder klingen im Eichengrund.

1 Geht im Teil A zwei Schritte in die Kreismitte und zwei Schritte zurück. Im Teil B fasst ihr euch an den Händen und tanzt im Kreis nach rechts.

Rund um den Ort

PÜPPCHEN MIT TRACHT

Du brauchst:

- Draht
- eine größere Perle
- vier kleinere Perlen
- Woll- und Stoffreste

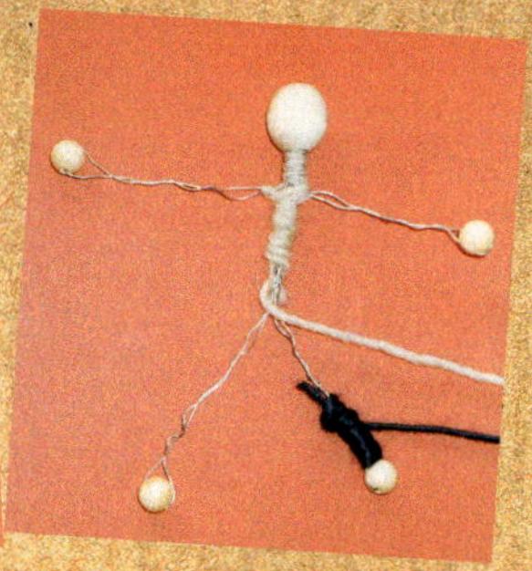

Nun kannst du das Püppchen nach einer Tracht deiner Heimat anziehen.

DER ORT VERÄNDERT SICH

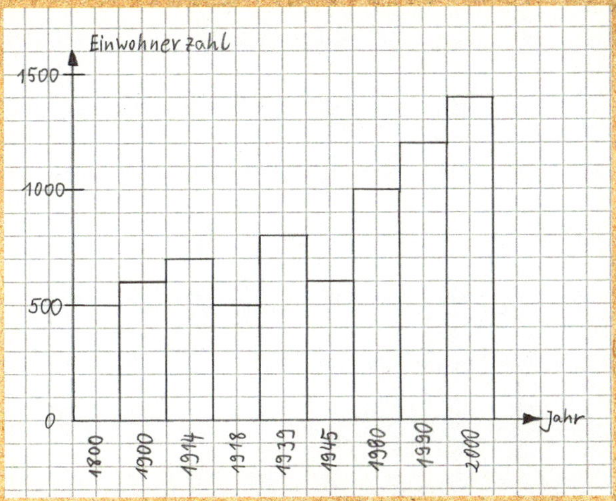

Die Entwicklung deines Ortes kannst du nicht nur mit Fotos darstellen. Auch die Einwohnerzahl gibt dir Hinweise. Du kannst ein Streifendiagramm anlegen. Zahlen, auch zur weiteren Entwicklung, bekommst du im Rathaus.

STEINAKTION

Der Künstler Robert Smithson hat in seiner amerikanischen Heimat aus Erde und Steinen eine riesige Spirale in den See gebaut.

1. Wählt für eure Aktion einen geeigneten Ort aus.
2. Überlegt euch eine Form, ein Zeichen oder eine Figur, die ihr gestalten wollt.
3. Sammelt Steine oder anderes Material und legt gemeinsam diese Form.
4. Fotografiert eure Aktion und das Ergebnis.

Ich – Du – Wir

Zusammenleben braucht Regeln

Überall wird das **Zusammenleben** durch Regeln bestimmt.
An diese **Regeln** müssen sich die Menschen halten.

Ein Schiedsrichter beobachtet, ob die Spielregeln eingehalten werden. Er bestraft bei Verstößen.

Schilder, Ampeln und Polizisten regeln den Straßenverkehr. Diese Regeln sind in der Straßenverkehrsordnung (StVO) zusammengefasst.

Wochenaufgaben
Woche vom 14.–20.6.

Mama	Wäsche waschen, kochen
Papa	Altglas und Altpapier zum Container bringen, bügeln
Steffi	Mülleimer leeren, Geschirrspülmaschine ausräumen
Flo	Tisch decken, Tisch abräumen

Im Haushalt gibt es viel zu tun. In einem Plan können die Aufgaben festgelegt werden.

Es gibt Regeln, an die man sich aus Höflichkeit halten sollte.

1 Warum gibt es Regeln für das Zusammenleben?
Wie wird in den Beispielen das Zusammenleben geregelt?

2 Wo gelten außerdem noch Regeln? Denke an die Klasse und deine Familie.

Regeln in der Musik

Ich bin ich und du bist du

M: überliefert • T: Irmela Brender (bearbeitet)

4/5

Auch Musiker im Orchester spielen nach vielen Regeln. So ist die Sitzordnung der Musiker bei einer Aufführung festgelegt. Streichinstrumente wie Geige und Violoncelli sitzen eher vorn und an den Seiten, lautere Instrumente wie Trompeten oder Pauken sitzen ganz hinten.

Geleitet wird eine Aufführung von einem **Dirigenten** oder einer **Dirigentin**. Er oder sie zeigt durch Körperhaltung und Bewegung, wann und wie die Instrumente spielen sollen: laut oder leise, schnell oder langsam.

1 Welche Dirigenten und welche Musiker kennst du?

2 Warum sitzen die lauten Instrumente im Orchester hinten?

Regeln und Rituale in anderen Ländern

In vielen Ländern der Erde gibt es vor, während und nach dem Unterricht **Regeln** und **Rituale**. Sie laufen täglich nach einer festgelegten Ordnung ab.

In manchen Ländern beginnt der Schultag mit einem **Gebet** oder einem **Wort zum Tag**. In anderen Ländern wird vor der ersten Stunde die Nationalhymne gesungen.

In China treffen sich alle Kinder vor Unterrichtsbeginn auf dem Schulhof. Sie machen gemeinsam **gymnastische Übungen**. Um 16.30 Uhr endet der Unterricht. Alle Kinder einer Klasse stellen sich hintereinander auf. Das erste Kind trägt ein Fähnchen. Jedes Kind wird nach Hause begleitet.

In vielen Schulen Japans hält der Schulleiter jeden Morgen eine kurze **Ansprache**. Die Kinder stehen geordnet auf dem Pausenhof und hören zu.

In Irland und Großbritannien tragen Schüler eine einheitliche **Schuluniform**. Jede Schule hat für diese Kleidung ganz bestimmte Farben.

1 Diskutiert in der Gruppe über diese Rituale.

2 Welche Regeln gibt es an eurer Schule?

3 Was würdet ihr gern einführen? Welche Rituale findet ihr gut?

Musikalische Rituale

Hej, hello

M und T: mündlich überliefert

6

Geburtstagskanon

M und T: Werner Rizzi

7

1 Übermittelt dem Geburtstagskind eure Wünsche musikalisch (klatschen, singen, trommeln).

ei - ne gro-ße Tor - te gu - te Freun - de Spaß

Der Schulfreund

Der Zeichner dieser Bildgeschichte heißt **Charles M. Schulz** (1922–2000) und war ein amerikanischer **Comic**-Künstler. Vor über 50 Jahren erfand er die Comic-Serie Peanuts.

Comic-Bilder sind meistens mit einem Stift in Schwarz-Weiß gezeichnet. Manchmal sind die Bilder auch farbig. Mit ganz wenigen Strichen können fröhliche, traurige oder erstaunte Gesichter gezeichnet werden. Oft genügt nur ein einziger Strich oder ein Punkt, um den Gesichtsausdruck der Figuren zu verändern.

1. Nenne besondere Merkmale, die für eine Comic-Zeichnung wichtig sind.
2. Decke die Sprechblasen zu. Denke dir zu den Bildern eine eigene Geschichte aus.
3. Zeichne mit Bleistift oder schwarzem Filzstift eine Bildgeschichte zum Thema Streit und Vertragen.

Jeder darf seine Meinung sagen

Jeder hat das Recht, seine Meinung zu sagen.
Bei unterschiedlichen Ansichten kann es zum **Streit** kommen.
Er soll durch Worte ausgetragen werden. Die Streitenden können eine Lösung finden, wenn alle etwas nachgeben.
Der Streit ist dann durch einen **Kompromiss** gelöst.

So kann man eine Lösung im Gespräch finden:
Eine Lösung kann schneller gefunden werden, wenn man dem anderen zuhört und ihn ausreden lässt. Hilfreich ist, auf die Meinung des anderen einzugehen, aber auch die eigene Meinung zu vertreten und zu begründen.

In einer Familie gibt es häufig unterschiedliche Wünsche. Manchmal entscheiden darüber die Eltern. In vielen Familien wird im **Familienrat** gemeinsam entschieden. Jeder äußert seinen Wunsch. Es wird überlegt, wie man die Wünsche miteinander verbinden kann.

So stand es in der Zeitung:

„Wenn es ums Essen geht, hängt bei vielen deutschen Familien der Haussegen schief."

„Bei Befragungen wurde festgestellt, dass schon Grundschülern ihr Taschengeld nicht ausreicht."

„Eltern und ihre Kinder haben beim Einkauf der Kleidung unterschiedliche Auffassungen, die oft zu Streitigkeiten führen."

1 Spielt die Situationen im Familienrat nach. Versucht Lösungen zu finden.

Karl Begas d. Ä.: Die Familie Begas, 1821

Die Familie hat sich im Wohnzimmer zu einem **Gruppenbild** versammelt. Jeder hat sich einen bestimmten Platz ausgesucht und die meisten halten etwas in der Hand. Es wird aber nicht genäht, nicht geschrieben und auch nicht Gitarre gespielt. Alle Familienmitglieder halten in ihrer Arbeit inne und blicken in eine andere Richtung.

Der Maler **Karl Begas** (1794–1854) hat das Bild 1821 von seiner Familie gemalt. Damals gab es weder Fotoapparat noch Digitalkamera.

1 Betrachte das Bild.
Versetze dich in die Kinder hinein. Woran denken sie wohl?

2 Stellt euch so auf wie die Familienmitglieder. Wie fühlt ihr euch?
Was würdet ihr in der Hand halten?

Mit Streit umgehen

In der Schule kommt es immer wieder zu Streitigkeiten. Es gibt verschiedene Möglichkeiten, einem **Streit** vorzubeugen oder ihn zu lösen.

Kummerkasten

Die Kinder schreiben ihre Sorgen auf Zettel. Diese werfen sie in den Kummerkasten. Am Ende der Woche wird im Stuhlkreis über die Probleme geredet. Es werden Lösungen gesucht.

Einen Streitenden wegführen

Man kann ein Kind, das in einen Streit verwickelt ist, trösten und zur Seite führen. Einen Streitenden kann man auch vom Schlagen abhalten.

Als Streitschlichter auftreten

Man soll als Zuschauer den Streit nicht anfeuern, sondern die Streitenden beruhigen. Bei manchen Konflikten muss man sich an Erwachsene wenden.

Klassenregeln festlegen

In der Klasse werden zu Beginn des Schuljahres Klassenregeln in einem Vertrag festgehalten. Dieser wird von allen Kinder unterschrieben.

Vertrag der Klasse 3a

- Wir prügeln niemanden.
- Wir lösen Streit im Gespräch.
- Wir entschuldigen uns.

Ich bin mit diesen Regeln einverstanden und halte mich daran.

Peter, Susi, Fritz, Jana

1 Wann würdest du welchen Vorschlag nutzen?

2 Wie werden bei euch in der Klasse Streitigkeiten gelöst?

Im Kinderparlament

Manche Städte haben ein **Kinderparlament** eingerichtet. Dort wird über Probleme gesprochen. Wünsche und Forderungen der Kinder werden benannt und ins **Rathaus** geschickt. **Sitzungen** des Kinderparlaments können sich beispielsweise mit dem Zustand von Spielplätzen oder der Sicherheit von Schulwegen beschäftigen. Die Teilnehmer üben den Umgang mit anderen Meinungen und probieren das freie Sprechen vor Zuhörern.

1. **Teilnehmer**
   Jede Schule der Gemeinde schickt zwei gewählte Vertreter ins Parlament.
2. **Amtsdauer**
   Gewählt ist man für zwei Schuljahre.
3. **Beschlussfähigkeit**
   Die Hälfte der gewählten Mitglieder müssen anwesend sein.
4. **Sitzungen**
   Mindestens zweimal im Schuljahr müssen sich die Teilnehmer treffen.
   Das Parlament wählt ein Präsidium.
   Es leitet die Sitzungen.
   Das Parlament entscheidet über Anträge der Kinder, verabschiedet die Vorhaben und verteilt Aufgaben. Zu jeder Sitzung gibt es eine Tagesordnung, in der die Themen aufgeführt sind.
5. **Gesprächsregeln**
   Es spricht nur das Kind, das den Plüschaffen in der Hand hat. Jüngere Kinder dürfen mit der Glocke die Gespräche unterbrechen und nachfragen, wenn sie etwas nicht verstanden haben.
6. **Protokoll**
   Die Ergebnisse und Beschlüsse werden im Protokoll festgehalten.

Im Bundestag sitzen die gewählten Vertreter der Bürger. Alle vier Jahre wird neu gewählt.

Tagesordnung

1. Begrüßung, Feststellen der Beschlussfähigkeit
2. Bericht über die zerstörte Basketballanlage an der Schillerschule
3. Arbeitsgruppe „Spielplatzuntersuchung“

Protokoll der letzten Sitzung
Anwesend: 40
Entschuldigt: 2
1. Die Befragung des Bürgermeisters hat ergeben ...

1 Würde dich die Arbeit im Kinderparlament interessieren?

2 Welche Bestimmungen kann man auf die Schule und Klasse übertragen? Welche müsste man ändern?

Rund um das Zusammenleben

IM FREIBAD

Vier Freunde sind im Freibad verabredet. Jeder will zuerst ins Wasser. Keiner ist bereit, auf die mitgebrachten Sachen aufzupassen. Sie sollen aber nicht unbeaufsichtigt bleiben.

- Spielt die Szene im Freibad nach. Versucht verschiedene Lösungen zu finden.

WIR GEHÖREN ZUSAMMEN

- Entwickelt ein Symbol (Zeichen) für die Klasse. Bedruckt damit ein T-Shirt.

WANDERNDE KLANGGASSE

Stellt euch mit einem Instrument als „Gasse" auf. Ein Kind wandert mit geschlossenen Augen durch die Klanggasse.

- Spielt diese oder andere Rhythmen auf den Instrumenten, wenn das Kind in eurer Nähe ist.

Herbst

Bunt sind schon die Wälder

M: Johann F. Reichardt • T: Johann G. von Salis-Seewis

2. Wie die volle Traube aus der Rosenlaube
purpurfarbig strahlt! Am Geländer reifen
Pfirsiche mit Streifen: rot und weiß bemalt.

3. Flinke Träger springen und die Mädchen singen,
alles jubelt froh! Bunte Bänder schweben
zwischen hohen Reben auf dem Hut von Stroh.

4. Geige tönt und Flöte bei der Abendröte
und im Mondesglanz. Junge Winzerinnen
winken und beginnen ihren Erntetanz.

Die Eule wandert aus *nach einer chinesischen Fabel, bearbeitet von Karin Pfeiffer*

Personen: Sprecher, Turteltaube  *, Eule* 

Sprecher: Hier seht ihr die chinesische Fabel von der Eule und der Turteltaube. Es ist eine Geschichte vom Weglaufen, wenn man Probleme hat.

Eule *(kommt eilig auf die Bühne)***:** schuhu, guhu, schuhu, guhu ....

Turteltaube: Wohin so eilig des Weges, liebe Eule?

Eule *(überzeugt)***:** Ich will weg. Ich will weg! Schuhu, schuhu, guhu.

Turteltaube: Du hast doch hier deine schöne Höhle, um die wir dich alle beneiden! Weshalb willst du weg?

Eule *(entschieden)***:** Ich wandere aus. Schu, guhu. Ich will ganz weit weg, dorhin, wo andere Leute sind. Schuhu *(flattert unruhig herum)*.

Turteltaube: Aber wieso willst du dorthin, wo andere Leute sind? Du bist doch hier zu Hause!

Eule *(traurig)***:** Ich mag die Leute hier nicht mehr. Schuhu, guhu.

Turteltaube: Aber wieso? Niemand tut dir etwas zuleide, liebe Eule!

Eule *(verzweifelt)***:** Die Leute mögen meinen Gesang nicht. Schuhu, schuuuhu, guhu.

Turteltaube: Das verstehe ich. Er klingt auch nicht schön. Jetzt gehst du fort zu anderen Leuten. Deinen Gesang aber nimmst du doch mit, oder?

Eule *(nickt heftig)***:** Natürlich! Schuhu, guhu, schuhu.

Turteltaube: Und glaubst du wirklich, dass die anderen Leute – weit, weit weg – deinen Gesang mögen werden?

Eule *(ganz leise, unsicher)***:** Schuhu, guhu, schuhu – darüber habe ich nicht nachgedacht.

Turteltaube: Vielleicht solltest du deinen Gesang ändern und hier bleiben?

Eule *(nachdenklich)***:** Schuhu, guhu, schuhuhuhguguhuu.

Beide gehen von der Bühne ab,
der Sprecher tritt auf.

Sprecher: Ob die Eule den Rat der Turteltaube beherzigen wird? Wir wissen es nicht, doch sie wäre gut beraten! Es nützt nichts, wenn wir den Problemen davonlaufen wollen. Unsere eigenen Fehler und Schwächen folgen uns, wohin wir auch gehen. Besser ist es, dazubleiben und die Schwierigkeiten anzupacken. Sicher finden wir auch jemanden, der uns hilft.

Natur entdecken: Tiere

Vom Hausschaf

Schafe gehören zu den ältesten **Haustieren** der Welt.
Schon vor etwa 11 000 Jahren haben die Menschen Schafe gehalten.
Alle **Hausschafe** stammen von **Wildschafen** ab.
Das europäische Hausschaf stammt vom **Mufflon** ab.
Es kommt heute nur noch auf Korsika und Sardinien in der Wildform vor.

Europäisches Mufflon

Schafe sind **Herdentiere**. Sie fühlen sich nur in der Gruppe wohl.
Im Herbst paaren sich **Weibchen** und **Bock**. Das **Mutterschaf** bringt nach 150 Tagen Tragezeit im Frühling ein bis zwei **Lämmer** zur Welt.
Die Lämmer werden vom Mutterschaf drei bis vier Monate gesäugt.
Ihr Wollkleid ist ganz weich. Später wird es länger und schützt besser.
Die Schafe werden meistens einmal im Jahr (April/Mai), manchmal auch zweimal (Frühjahr und Herbst) geschoren. Das hängt davon ab, wie schnell das Wollkleid wächst. Das zusammenhängende Wollkleid heißt **Vlies**.

1 Überlegt, weshalb sich Lamm, Mutterschaf und Bock voneinander unterscheiden.

2 Betrachtet verschiedene Bücher über Schafe. Vergleicht die Bilder miteinander.

Schafarten

Heute gibt es verschiedene **Schafarten**:
Wollschafe, Fleischschafe, Milchschafe und Landschafe.

Merinolandschaf

Wollschafe geben im Jahr bis zu 10 kg **Rohwolle**. Daraus können ungefähr drei Pullover gestrickt werden. Ein typischer Vertreter der Wollschafe ist das Merinolandschaf. Seine Wolle ist besonders wertvoll. Sie ist fein gekräuselt und dadurch sehr weich.

Schwarzkopfschaf

Fleischschafe haben eine sehr gut ausgeprägte Muskulatur und wachsen schnell.
Nach vier bis sechs Monaten werden die Lämmer geschlachtet. Das **Fleisch** ist dunkel und sehr mager.

Ostfriesisches Milchschaf

Milchschafe brauchen gute Weideflächen, weil sie anspruchsvoller als andere Schafarten sind. Im Winter bekommen sie Heu und Getreide zu fressen. Zweimal am Tag werden die Schafe gemolken. Ein Schaf gibt ungefähr zwei Liter **Milch** am Tag.

Coburger Fuchsschaf

Landschafe geben **Fleisch** und **Wolle**. Sie sind in Süddeutschland am meisten verbreitet. Das Coburger Fuchsschaf war schon fast ausgestorben. Heute gibt es wieder mehr Tiere. Ihre Wolle hat einen rötlich-goldenen Schimmer. Deshalb nennt man sie auch goldenes Vlies.

1 Informiere dich genauer über verschiedene Schafe. Präsentiere deine Ergebnisse.

Vom Schafvlies zur Wolle

Schafscherer ziehen von Hof zu Hof und scheren die Schafe.
Das Vlies wird von Händlern gekauft und in Fabriken weiterverarbeitet.

elektrische Schere

Das Vlies wird in großen Ballen zur Wollkämmerei transportiert.
Ein Ballenöffner lockert das stark gepresste Vlies vor der Verarbeitung auf.

In großen Waschmaschinen wird das Vlies gewaschen.
Dabei werden Schmutz und ein Teil des Wollfetts, das Lanolin, entfernt.

Das ausgewaschene Lanolin wird gereinigt und für hochwertige Hautcremes, Heilsalben und Seifen verwendet.
Als Weichmacher steckt es sogar im Kaugummi.

In der **Wollspinnerei** werden die Wollfasern zu **Garn versponnen**. Dabei werden die Haare miteinander verdreht.

In Maschinen wird die Wolle über verschieden grobe Kämme gezogen. Sie wird **gekämmt**. Dabei werden die Fasern gestreckt. Kurze Haare werden entfernt.

Anschließend wird die **Rohwolle** in großen Trocknern getrocknet.

1 Notiere in Stichworten den Weg vom Vlies zum Garn.

Wolle nutzen

In der kalten Jahreszeit schützen Menschen sich durch Kleidung vor Kälte. **Wolle** ist besonders dazu geeignet, warm zu halten.
Durch die **Luftpolster** zwischen den gekräuselten Fasern kann Wolle **Wärme** gut halten. Sie kann viel Feuchtigkeit aufnehmen, ohne sich nass anzufühlen. Wolle ist auch **hochelastisch** und **knitterarm**.

Nahaufnahme von gestrickten Maschen

Nahaufnahme eines Wollfadens

Aus Wolle kann man Kleidungsstücke stricken und häkeln, Bilder sticken, Stoffe weben und Teppiche knüpfen.
Sie kann gut gefärbt und gefilzt werden.

Auch Künstler haben Wolle als Material benutzt.

Der spanische Künstler **Joan Miró** (1893–1983) malte nicht nur Bilder. Er entwarf und gestaltete auch Wandteppiche.
Dieser **Wandteppich** wurde mit unterschiedlicher Wolle gewebt.
Er passt nur in einen großen Raum, denn er ist 5 m breit und 7 m 50 cm hoch.

Joan Miró: Wandteppich, 1979 (in Zusammenarbeit mit Josef Royo)

1 Welche Produkte aus Wolle kennt ihr? Wie sind die Produkte entstanden?

2 Triesle ein Stück Wolle auf. Was siehst du? Benutze eine Lupe. 

3 Was erkennst du auf dem Wandteppich?
Schau dir die Farben und Formen genau an.

4 Messt das Teppichmaß mit einem Lineal auf dem Boden ab.

Landschaftspflege durch Schafe

Auf der **Schwäbischen Alb** kann man Schäfer mit ihren Herden und den Hütehunden sehen. Die Herden ziehen auf **Triebwegen** von Weide zu Weide. Diese **Wanderschäferei** wird immer seltener. Heute werden die Schafe häufiger auf eingezäunten Flächen, den **Koppeln**, gehalten.
Die Schafhaltung ist unverzichtbar für eine natürliche **Landschaftspflege**.

Auf der Schwäbischen Alb gibt es Graslandschaften mit vereinzelt stehenden Wacholdersträuchern. Man nennt sie **Wacholderheiden**. Um diese Landschaft zu erhalten, werden dort Schafe gehalten. Sie fressen die Gräser und die Sprösslinge der Büsche und Bäume. Ohne diese Nutzung durch Schafe würden Teile der Schwäbischen Alb wieder zu Wald werden. Dadurch würde der Lebensraum für bestimmte Pflanzen und Tiere verloren gehen.

Die Silberdistel, der Frauenschuh, der Gelbe Enzian und der Wiesensalbei sind typische Pflanzen der Wacholderheide. Im Wald ist es für sie zu dunkel. Einige dieser Pflanzen sind vom Aussterben bedroht.

Silberdistel

Frauenschuh

Wiesensalbei

> An der Nord- und Ostseeküste und an großen Flüssen pflegen die Schafe die Deiche. Sie halten das Gras kurz.
> Durch das Abweiden wird der Boden festgetreten. So können Wind und Wellen den Deich nicht beschädigen.

1 Werden in deiner Umgebung auch Schafe gehalten? Erkundige dich nach dem Grund und informiere dich über ihre Pflege.

2 Sammle in Sachbüchern und Lexika Informationen über die Pflanzen und Tiere der Wacholderheide. Erstelle Steckbriefe.

Hirtenmusik

Aelbert Cuyp: Schafherde auf der Weide, um 1650

Weißes Schäfchen (Ak koyun)

M und T: aus der Türkei, T: Bernd Meinunger, trad. Bearbeitung: Norbert Daum

9

1. Siehst du dort das wei-ße Schäfchen?
2. Ak ko-yun___ me-ler ge - lir

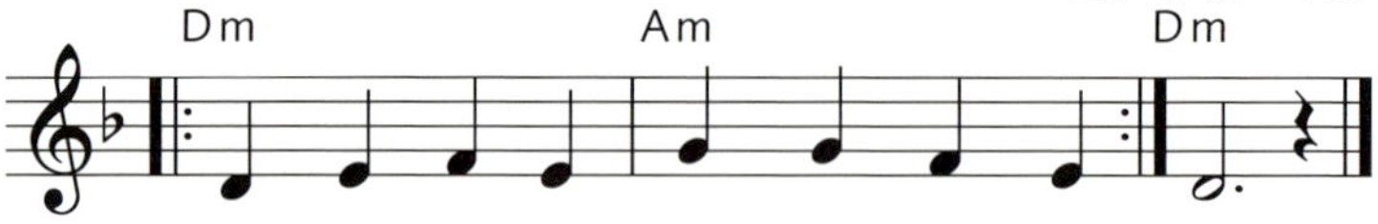

Es steigt ü - ber Stock und Stein und
klet-tert ü-bern Berg, will bei mir sein.
dag - la - ri___ de - ler ge - lir, oy.

3. |: Siehst du dort das weiße Schäfchen? :|
Ich nehm's ganz fest in den Arm.
Es fühlt sich an ganz kuschelweich und warm.

Der französische Komponist Claude Debussy (1862–1918) schrieb vor ungefähr 100 Jahren Klavierstücke für seine Tochter Chouchou, die er sehr liebte. Eines davon trägt den Titel „The little shepherd", der kleine Hirte. Er spielt ein Stück auf seiner Hirtenflöte. Chouchou hörte ihrem Vater gerne zu, wenn er auf dem Flügel musikalische Geschichten erzählte.

10

1 Schließt die Augen und hört das Stück vom kleinen Hirten an. Erkennt ihr die Melodie der Flöte? Sie ertönt dreimal.

Rund um die Wolle

EIN EXPERIMENT

Umwickelt Flaschen mit verschiedenen Materialien:
Baumwolle ◎ Wolle (Schal) ◎ Pelz ◎ Plastikfolie ◎ Zeitung ...

1. Gießt heißes Wasser mit einem Trichter in die Flaschen. Messt die Temperatur in den Flaschen und verschließt sie.
2. Messt nach 30 Minuten erneut die Temperatur. Wartet weiter 30 Minuten ab und messt noch einmal.
3. Notiert eure Ergebnisse. Vergleicht.

Flasche mit	Ausgangstemperatur	Temperatur nach 30 min	Temperatur nach 60 min
Baumwolle			

◎ Aus welchem Material sollte eine Hose für den Winter sein?

EIN BILDTEPPICH NACH MIRÓ

Material: Webrahmen (etwa 17 x 25 cm), Web- und Flechtnadel, Kamm, reißfestes Kettgarn, verschiedene bunte Wollreste, Rundholzstäbchen zum Aufhängen des fertigen Bildteppichs

1. Zeichne einen Entwurf. Denke an die Farben und Formen von Miró.
2. Spanne die Kettfäden und lege den Entwurf unter deine Webarbeit.
3. Webe dein Bild von unten nach oben. Beim Wechseln der Farbe achte darauf, entweder
   a) die Schussfäden haken ineinander ein oder
   b) die Schussfäden beider Seiten umschlingen den gleichen Kettfaden.

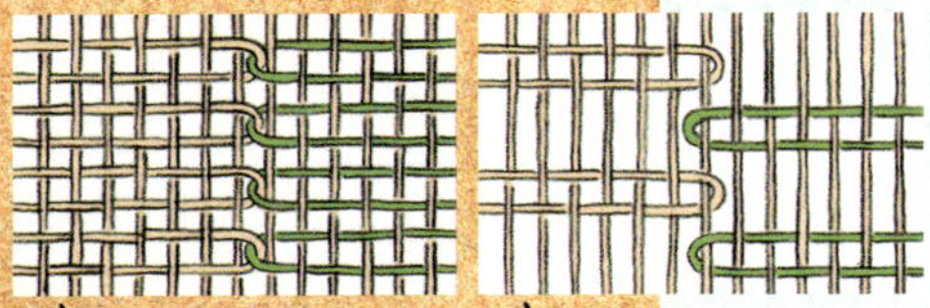

a) b)

4. Schiebe mit dem Kamm die Schussfäden dicht nach unten.

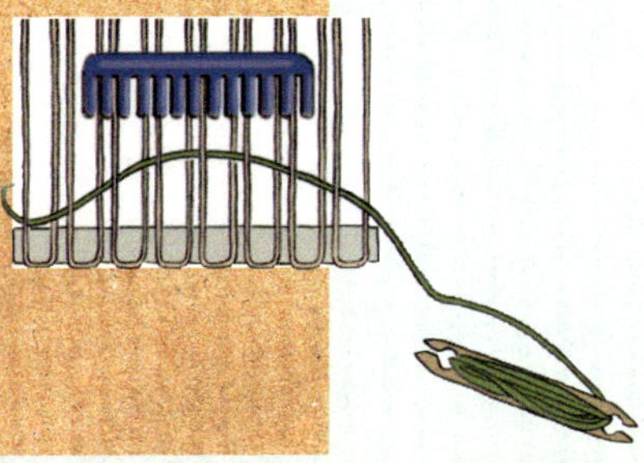

5. Nimm den kleinen Webteppich aus dem Rahmen. Wenn du deinen Bildteppich aufhängen willst, schiebe ein Rundholz durch die oberen Kettgarnschlaufen.

Umwelt erforschen

Stoffe und ihre Eigenschaften

Stoffe kommen in drei verschiedenen Zuständen vor: als **Gas**, als **Flüssigkeit** oder als **fester Stoff.** Jeder Stoff hat bestimmte **Eigenschaften**.

Manche Flüssigkeiten **vermischen sich** miteinander, andere nicht.

Saft und Wasser haben sich miteinander vermischt. Man kann die ursprünglichen Flüssigkeiten mit dem Auge nicht mehr unterscheiden.

Öl und Wasser **stoßen sich** dagegen **ab**. Sie vermischen sich nicht. Das leichtere Öl steigt nach oben.

Vogelfedern sind mit einem Fettfilm überzogen, damit sie sich bei Regen nicht mit Wasser voll saugen.

Manche feste Stoffe **lösen sich** in Wasser **auf**, andere nicht.

Das Salz im Meer hat sich aufgelöst. Es ist mit dem Auge nicht zu erkennen. Man kann es aber schmecken.

1 Vermute, probiere aus und beobachte. Führe die folgenden Versuche in dieser Reihenfolge durch. Notiere anschließend deine Ergebnisse.

- Mische Wasser mit Tinte.
- Gib wenige Tropfen Wasser in Öl. Füge etwas Spülmittel hinzu.
- Gib verschiedene feste Stoffe wie Salz, Zucker oder Sand in Wasser. Beobachte mit einer Lupe.
- Gieße jedes Gemisch durch einen Kaffeefilter in ein leeres Glas.

Thermometer

Wärme und **Kälte** haben einen großen Einfluss auf Stoffe. Durch Wärme **dehnen sich** viele **aus**. Sie werden größer.
Durch Kälte **ziehen sich** viele Stoffe **zusammen**. Sie werden kleiner.
Oft merkt man nichts von diesen Veränderungen, da sie sehr gering sind.

Auffällig reagieren **Quecksilber** und **Alkohol**. Deshalb werden sie für die Herstellung von **Thermometern** verwendet. Bei Erwärmung dehnen sich diese Stoffe stark aus. Bei Abkühlung ziehen sie sich sichtbar zusammen. Das können wir am Thermometer sehen und so die Temperatur ablesen.
Jeder Strich auf der **Skala** steht für 1 °C (sprich **Grad Celsius**).
Die Maßeinheit „Grad Celsius" hängt mit einer wichtigen Eigenschaft des Wassers zusammen. Wasser geht bei 0 °C in einen festen Zustand über. Es gefriert zu Eis. Bei 100 °C wird es zu Gas oder Dampf.

Je nach Verwendungszweck gibt es unterschiedliche Thermometer.
Die Abbildung zeigt ein **Außenthermometer**.

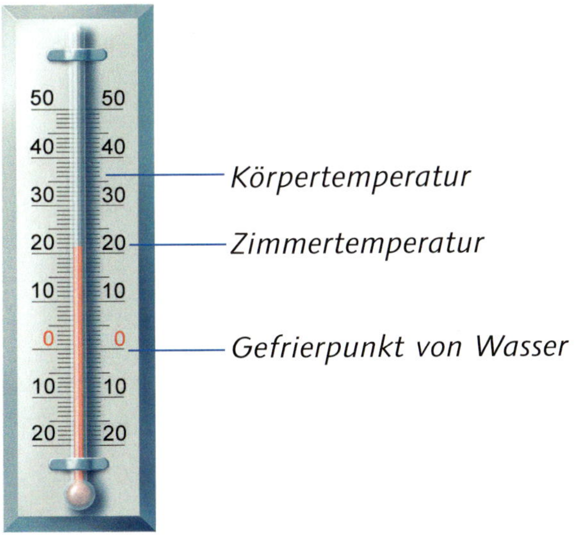

Gabriel Fahrenheit erfand das Alkohol- oder Quecksilberthermometer. Die heute weit verbreitete Celsiusskala legte **Anders Celsius** 1742 fest. Er gab dem Siedepunkt die Temperatur 0 °C, dem Gefrierpunkt 100 °C. Heute ist das genau umgekehrt.

1 Messt und notiert die Temperatur in eurem Klassenzimmer und im Freien an verschiedenen Tagen und zu verschiedenen Uhrzeiten.

2 Informiere dich über verschiedene Thermometer. Wodurch unterscheiden sie sich?

Wärme und Kälte verändern

Wärme und **Kälte** können den Zustand eines Stoffes verändern.

Die Temperatur, bei der ein fester Stoff flüssig wird, heißt **Schmelzpunkt**.

In einer Gießerei wird festes Metall erhitzt, bis es **flüssig** wird. Bei Eisen braucht man dazu Temperaturen von 1535 °C, bei Blei genügen 327 °C. Beim Abkühlen **erhärtet** das Metall wieder. Neue Formen können entstehen.

Die Temperatur, bei der eine Flüssigkeit zu Gas wird, heißt **Siedepunkt**.

Wasser hat einen Siedepunkt von 100 °C. Bei Alkohol liegt der Siedepunkt bei 78 °C. Damit flüssiges Eisen zu **Gas** wird, braucht man Temperaturen von 2880 °C.

Die Temperatur, bei der eine Flüssigkeit fest wird, heißt **Gefrierpunkt**.

Wasser **gefriert** bei 0 °C zu Eis. Bei Salzwasser sind Temperaturen von weniger als 0 °C notwendig. Alkohol in Thermometern gefriert bei -114 °C.

Jeder Stoff hat seinen eigenen Schmelz-, Gefrier- und Siedepunkt.

1 Gib ein Glas Wasser, ein Glas Salzwasser, ein Brötchen, ein Salatblatt, ein Gefäß mit Sirup und einen Löffel über Nacht in ein Eisfach. Was stellst du fest? Notiere.

2 Wie lange dauert es, bis diese Dinge wieder auftauen? Gibt es Unterschiede? Beobachte und notiere.

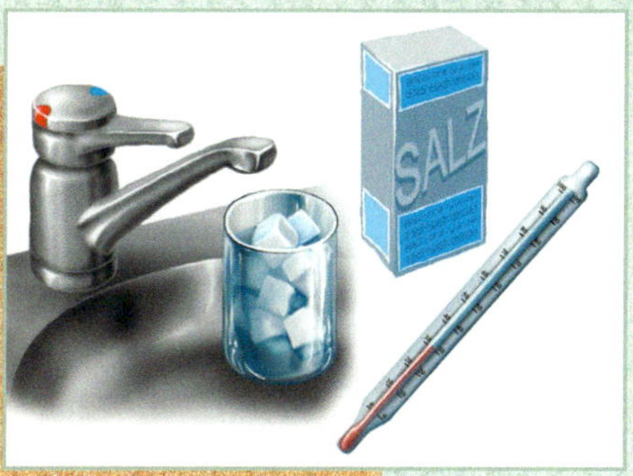

EISKALTES WASSER

Du brauchst: ein Glas mit Eiswürfeln, Leitungswasser, Speisesalz, Thermometer.

1. Fülle das Eiswürfelglas bis zum Rand mit Wasser.
2. Miss die Temperatur und notiere.
3. Bestreue die Eiswürfel mit zwei Esslöffeln Salz.
4. Beobachte die Eiswürfel und miss die Temperatur.

Führe den Versuch mit einer größeren Menge Salz oder mit Streusalz für den Winter durch.
Gibt es Unterschiede? Warum streut man im Winter Salz?

GUMMIBÄRCHEN IM GLAS

Lege ein Gummibärchen über Nacht in ein Glas mit kaltem Wasser.
Stelle am nächsten Morgen ein normales Gummibärchen daneben.

Was ist passiert?

EINE KERZE AUS WACHSTROPFEN

Du brauchst: eine Schüssel mit Wasser, Kerzen in verschiedenen Farben, Streichhölzer, ein Sieb, Küchenpapier, ein Glas, ein Stück Docht.

1. Zünde die Kerzen an. Vorsicht, Feuer kann gefährlich werden!
2. Tropfe Wachs von den Kerzen in die Wasserschüssel.
3. Fische die Wachsplättchen mit einem Sieb heraus. Lass sie auf Küchenpapier trocknen.
4. Befestige den Docht mit einigen Wachstropfen am Boden des Glases.
5. Fülle die Wachsplättchen in das Glas.

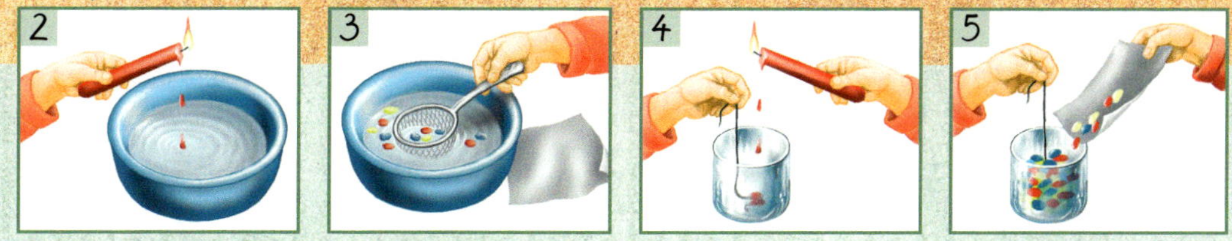

Wasserkreislauf

Die **Sonne** ist der „Motor“ des **Wasserkreislaufs**. Wenn sie auf das Meer, auf Flüsse oder Seen scheint, erwärmt sie das Wasser. Es **verdunstet**. Unsichtbarer **Wasserdampf** steigt nach oben.

Je höher der Wasserdampf steigt, desto kühler wird die Luft. Dadurch werden aus dem Dampf wieder kleine Wassertröpfchen. Das Wasser **kondensiert**. Viele Tröpfchen zusammen bilden eine **Wolke**.

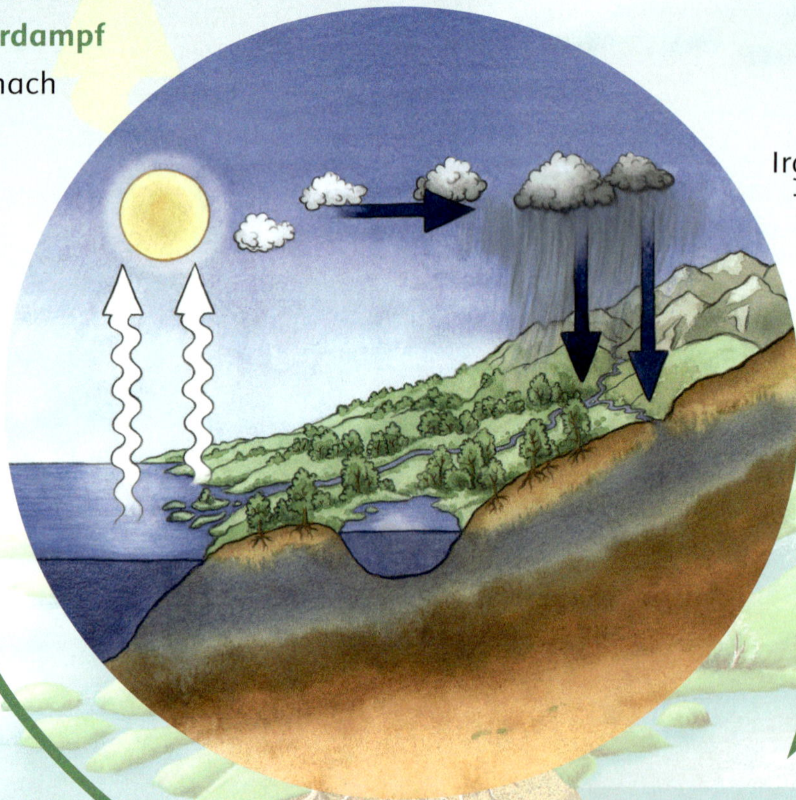

Irgendwann sind die Tröpfchen so groß und schwer, dass sie nicht mehr von der Luft getragen werden können. Als Regen, Schnee oder Hagel fallen sie auf die Erde zurück. Man spricht von **Niederschlag**.

Ein Teil des Niederschlags versickert in der Erde, ein anderer Teil fließt in Flüsse, Seen und Meere. Der **Kreislauf** beginnt von neuem.

1 Warum spricht man vom Wasserkreislauf? Erkläre.

Tropfenklänge

M und T: Wolfgang Spode • Begleitung: K.-H. Keller

2. Ich spring von Wasserfällen
tief in die nasse Flut.
Es braust und rauscht und tost
und das gefällt mir gut!

3. Mit hundertausend Freunden
treib ich im Fluss dahin,
bis ich nach langer Reise
am großen Wasser bin.

4. Ich rausche mit der Brandung
und tob im Sturmgebrüll.
Je wilder, desto besser –
da tu ich, was ich will.

1 Findet Sprechsilben, die zu Regentropfen passen:
dippdippdipp ploomm ploomm ploomm bing bing bing platsch platsch st st st st

2 Welche Tropfenklänge kann man mit den Fingern, dem Mund, mit den Lippen und der Zunge machen?

Refrain

Strophe

3 Singt den Refrain kurz und federnd, wie fallende Tropfen. Die Strophen dagegen sollen breit und strömend klingen. Gebt jeder Strophe ihren eigenen Ausdruck.

Niederschlag

Regen

Wenn die Tropfen in der Wolke zu schwer werden, können sie nicht mehr von der Luft getragen werden. Sie fallen als Regen zur Erde. Regentropfen können unterschiedlich groß sein. Die größten sind bis zu 8 mm groß. Sie fallen während eines Sommergewitters. Die kleinsten sind weniger als 1 mm groß. Sie fallen bei Nieselregen.

Schnee

Wenn die Luft hoch oben sehr schnell unter 0 °C abkühlt, werden die Wasserteilchen in den Wolken zu **Eiskristallen**. Sie schweben zu mehreren vereint zur Erde. Dort bleiben sie liegen, wenn die Temperatur unter oder knapp über 0 °C liegt.

Graupel

Regentropfen können auf ihrem Weg zur Erde in sehr kalte Luftschichten gelangen. Dort gefrieren die Tropfen zu **kleinen Eiskörnern**. Sie haben eine Größe von 2 bis 5 mm. Diesen Niederschlag nennt man Graupel.

Hagel

Hagel beginnt seinen Weg zur Erde als Regen. Bevor die Tropfen aber auf die Erde fallen, werden sie durch Wind wieder nach oben in kalte Luftschichten gewirbelt. Sie gefrieren dort zu kleinen **Eiskörnern** und fallen erneut herab. Oft werden die Eiskörner mehrmals hochgewirbelt. Irgendwann sind sie zu schwer und fallen als Hagel auf die Erde. Hagel fällt bei schwülem Wetter. Die Körner können so groß wie Hühnereier werden.

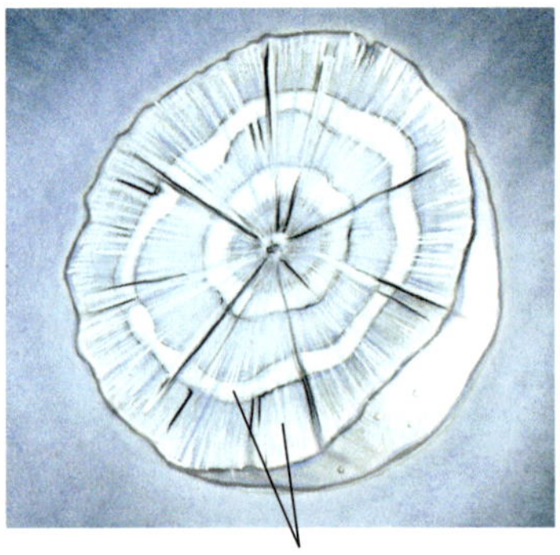

unterschiedliche Eisschichten

In Wetterkarten sind für Niederschläge diese Zeichen festgelegt:

Regen	Reif	Schnee	Hagel	Graupel	Tau	Nebel
•	⊔	✳	▲	△	⌓	≡

1 Stell dir vor, es würde mehrere Monate nicht regnen. Was würde das bedeuten?

2 Auch bei Nebel, Tau und Reif spricht man von Niederschlag. Informiere dich.

Wind

Tagsüber erwärmt die Sonne das Land schneller als ein Gewässer. Warme Luft ist leichter als kalte Luft. Die erwärmte Luft über dem Land steigt deshalb nach oben. Unter der warmen Luft entsteht so ein „Luftloch“. In dieses Loch strömt von einem Gewässer kalte Luft nach. Sie wird wiederum von der Sonne erwärmt und steigt nach oben. Von der Seite strömt wieder kalte Luft nach und so weiter. Diese Bewegung der Luft spüren wir. Es ist ein **Seewind**, der vom Wasser aufs Land weht.

Nachts ist es umgekehrt. Das Wasser kühlt langsamer ab als das Land. Über dem Wasser steigt warme Luft auf. Vom Land strömt kalte Luft nach: **Landwind**.

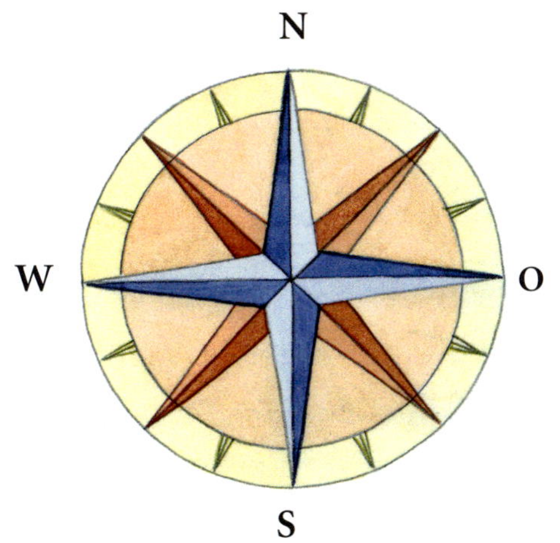

N: Norden, **O:** Osten, **S:** Süden, **W:** Westen

Eine **Windrose** zeigt an, aus welcher Richtung ein Wind weht. Er wird immer nach der Richtung benannt, aus der er kommt. Ein Westwind also kommt aus Westen und weht nach Osten.

1 Schütte etwas Erde auf einen Teller und etwas Wasser auf einen anderen Teller. Miss und notiere die Temperatur auf den Tellern. Stell beide nun in die Sonne. Miss die Temperatur nach einer Stunde noch einmal.

2 Berichte von deinen Erfahrungen mit Wind.

Blitz und Donner

Bei einem Gewitter kann man **Blitz** und **Donner** beobachten bzw. hören. In einer Gewitterwolke werden die Wassertröpfchen hinauf- und hinuntergeschleudert. Sie reiben sich aneinander. Dabei laden sie sich elektrisch auf: ein Blitz entsteht. Er kann bis zu 30 000 °C heiß werden. Durch den Blitz wird die Luft sehr stark erhitzt und dehnt sich mit sehr hoher Geschwindigkeit aus. Sie durchstößt die **Schallmauer**. Man hört einen lauten Knall: Donner.

1 Führe den folgenden Versuch in einem dunklen Raum durch:
Blase zwei längliche Luftballons auf. Reibe die Ballons gleichzeitig, aber getrennt voneinander an deiner Hose oder einem Stück Stoff. Halte die Ballons danach so, dass sie sich mit den Spitzen berühren. Was siehst du? Was hörst du?

2 Sucht Instrumente, die zum Gewitter passen. Spielt Gewitter mit Sturm, Blitzen und Donnergrollen.

13

Die „Alpensinfonie" von **Richard Strauss** (1864–1949) entstand 1915. Der Komponist fand das Gebirge beeindruckend. In der Musik hört man den besonders raschen Wechsel des Wetters in den Bergen gut heraus.

3 Hört das Hörbeispiel „Gewitter und Sturm" von Richard Strauss.
Zeichne ein Gewitterbild dazu, auf dem man die Blitze, den Donner und den Regen erkennen kann.

El Greco: Toledo im Gewitter, um 1605

Über die spanische Stadt Toledo zieht ein Gewitter. Fast gespenstisch liegt die Stadt auf dem Berg. Dunkle, schwarze Wolken ziehen auf. Der Himmel ist von den Blitzen grell erleuchtet. Die Blitze und das Donnergrollen kann man sich gut vorstellen und beinahe hören. Das Licht, das die Häuser und die Wiesen beleuchtet, ist grau und kalt.

Der spanische Maler **El Greco** (um 1541–1614) verzichtete auf Einzelheiten wie Menschen, Tiere oder Blumen. Es war ihm sehr wichtig, die unheimliche Gewitterstimmung mit Farben darzustellen.
El Greco hieß eigentlich Domenikos Theotokopoulos und stammte aus Griechenland. Zu seiner Zeit hatten die Menschen große Angst vor Unwettern.

1 Male mit Temperafarben und dickem Borstenpinsel auf Tapetenpapier ein Gewitterbild.

Claude Monet: Impression (Sonnenaufgang im Hafen von Le Havre) 1872

Wasser, Nebel, aufgehende Sonne in einem Hafen – diese Stimmung wollte der französische Maler **Claude Monet** in seinem Bild einfangen. Er nannte es „Impression, soleil levant", das heißt: Eindruck, Stimmung, aufgehende Sonne. Claude Monet (1840–1926) verbrachte seine Kindheit am Meer. Später wohnte er in der Küstenstadt Le Havre. Dort war er oft im Hafen und beobachtete das Meer. Er liebte das Wasser und konnte stundenlang zuschauen, wie sich das Licht und seine Farben auf der Wasseroberfläche spiegeln.

Claude Monet malte seine Bilder im Freien. Er hatte seine Staffelei, einen Hocker und die Farben immer bei sich. Er gehört zu den Malern, die man **Impressionisten** nennt. Sein Bild gab den Impressionisten ihren Namen. Impression bedeutet Eindruck. Die Maler versuchten genau das zu malen, was sie sehen, wenn die Sonne und das Licht die Form und die Farben der Dinge verändert. Dabei malten sie die Dinge nicht in einer einzigen Farbe, sondern setzten viele Tupfen in verschiedenen Farben nebeneinander auf die Leinwand.

1 Suche ein Motiv im Freien und male in der Art von Monet.

Licht

Licht breitet sich immer **geradlinig** aus. Trifft Licht auf einen Stoff, gibt es verschiedene Möglichkeiten:

1.
Das Licht kann nicht durch den Stoff hindurch. Der Stoff ist **undurchsichtig**. Ein **Schatten** entsteht.
Da sich das Licht in geraden Linien ausbreitet, sieht der Schatten dem Gegenstand sehr ähnlich.

2.
Das Licht kann durch den Stoff hindurch. Er ist **durchsichtig** oder **transparent**.
Durchsichtige Stoffe sind etwa Glas, Luft und Wasser.

3.
Andere Stoffe lassen nur **wenig Licht hindurch**. Sie sind **durchscheinend**.
Sonnenbrillen schützen so die Augen vor zu grellem Licht.

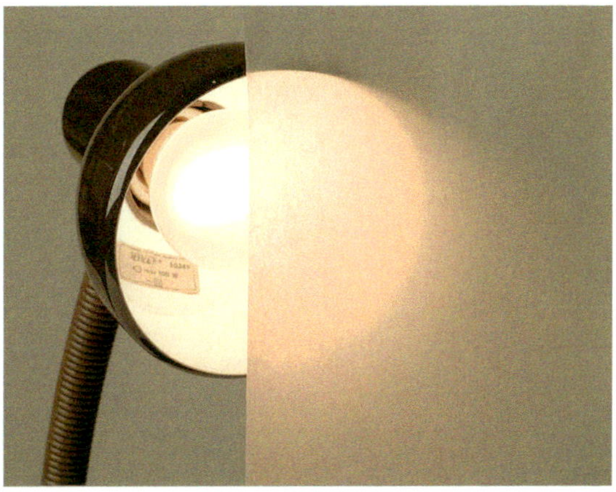

1 Wähle Stoffe aus. Überprüfe, welche Licht durchlassen und welche Schatten werfen. Überlege dazu einen Versuchsaufbau.

Licht und Farben

Sonnenlicht sieht weiß aus. Eigentlich besteht es aus sieben Farben. Trifft ein Sonnenstrahl auf Wasser, wird er **gebrochen.** Man kann die verschiedenen Farben jetzt sehen: einen **Regenbogen**. Das ist aber nur möglich, wenn man die tief stehende Sonne im Rücken hat.

Aus diesen sieben Farben besteht das weiße Licht. Man nennt das Farbband auch **Spektrum**. Die Farben heißen **Spektralfarben**.

Isaac Newton wies 1666 durch ein **Prisma** nach, dass weißes Licht aus farbigem Licht besteht.

1 Teile einen Kreis in sieben gleiche Felder ein.
Male jedes Feld mit einer der Spektralfarben aus.
Stich durch die Mitte des Kreises einen Zahnstocher und drehe den Kreisel.
Was kannst du beobachten?

Rund um Wasser und Licht

VERDUNSTEN UND KONDENSIEREN

1. Erwärme in einem verschlossenen Glas etwas Wasser.
   Was kannst du beobachten?

2. Stelle das Glas in eine Schale mit kaltem Wasser.
   Was kannst du beobachten?

WASSER IN DER LUFT

Gehe an einem sonnigen Tag nach draußen.
Stelle dich mit dem Rücken zur Sonne.
Sprühe mit einer Sprühflasche etwas Wasser in die Luft.

- Was siehst du?
- Vergleicht eure Beobachtungen.

LICHTSTRAHLEN

Du brauchst:

- Zeitungspapier
- Taschenlampe
- Puder

1. Breite die Zeitung aus.
2. Dunkle den Raum ab.
3. Streue vorsichtig etwas Puder auf die Zeitung.
   Halte dabei die Taschenlampe so, dass das Licht genau auf den fallenden Puder trifft.

- Vergleicht eure Beobachtungen.

Maria und Josef suchen Herberge

Es spielen mit: Maria, Josef, Wirt, Kind

Maria: So finster ist der fremde Wald.
Josef: Und deine Hände sind so kalt. Maria, sicher friert es dich sehr, und das Gehen wird dir schwer in dem tiefen, tiefen Schnee.
Maria: Nein, Josef, mir tut gar nichts weh. Ich bin in meinem Herzen froh. Nur müd vom Steigen bin ich so.
Josef *(tröstend)*: Ist nimmer weit, ich führe dich, stütz dich nur recht auf mich.

Kind: Was ist das für eine schöne Frau? Sie hat einen Schein, ich seh es genau, einen Heiligenschein hab ich gesehn – alle Hasen und Reh' bleiben vor ihr stehn – und alle Bäume neigen sich. Die Nacht ist heut so wunderlich. Die Sterne ziehen mit der fremden Frau. Ich meine, ich geh ihr nach und schau.

Josef *(deutet auf ein Wirtshaus)*: Schau, Maria, da brennt noch ein Licht. Da können wir schlafen, nun sorg dich nicht *(klopft)*. He, Wirt, tu auf, wir möchten zu dir, wir warten in Wind und Kälte hier.
Wirt *(schaut zum Fenster heraus)*: Um zehn Uhr bei der Nacht? Was fällt euch ein? Zu mir kommt niemand mehr herein.
Josef: O Wirt, wie kannst du so grausam sein, lass doch meine liebe Frau hinein, ich schlaf ja gern bei den Kühen auf Stroh, aber meine Frau, die friert es doch so.
Wirt *(grob)*: Das ist mir gleich, ihr geht mich nichts an. Ich sag, das Tor wird nicht aufgetan.
Josef: Ich bitte dich, Wirt, schließ auf die Tür, der liebe Gott wird dich segnen dafür.
Wirt: Der liebe Gott, der ist mir gleich, ich bin auch ohne sein' Segen reich. Ich möchte jetzt meine Ruh, geht endlich zu, sonst hetz ich meinen Hund auf euch. He, Wolf und Spitz, die Bettler scheuch!

Josef *(zornig)*: Da stehn wir in der bittern Nacht, und der grobe Kerl hat nicht aufgemacht.
Maria *(sanft)*: O Josef, darfst nicht zornig sein, uns ist verkündet das Christkindlein.

Kind *(kommt näher)* 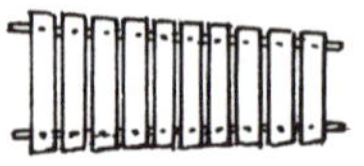

Josef: Was willst du, Kind? Was stehst du da? Dunkel ist's und Mitternacht nah.
Kind: Du fremde Frau, was weinst du denn?
Josef: Man lässt uns hier in der Kälte stehn. Kein Mensch macht auf, sie wollen Ruh'. Die Tür schlagen sie uns vor der Nase zu.
Kind: Die Frau erbarmt mich gar so sehr. Du Mann, komm einmal näher her. *(leise)* Wir haben einen Stall vor der Stadt, wo der Vater seine Küh und die Schafe hat. Da ist's schön warm, da könnt ihr bleiben, da darf euch kein Mensch vertreiben, und Stroh liegt drin ganz haufenweis, da könnt ihr ausruhn von der Reis'.
Maria: O Kind, dich schickt der liebe Gott mitten in unsere tiefe Not. Das Christkind wird es lohnen dir.
Kind: Ihr armen Leut, kommt jetzt mit mir.

Luise Rinser

Was soll das bedeuten

M und T: mündlich überliefert

14/15

2. Treibt zusammen, treibt zusammen die Schäflein fürbass!
Treibt zusammen, treibt zusammen, dort zeig ich euch was:
Dort in dem Stall, dort in dem Stall
werden Wunderding sehen, treibt zusammen einmal!

3. Ich hab nur ein wenig von weitem geguckt,
da hat mein Herz schon vor Freuden gehupft:
Ein schönes Kind, ein schönes Kind
liegt dort in der Krippe bei Esel und Rind.

Das bin ich

Selbstbildnis

Die mexikanische Malerin **Frida Kahlo** (1907–1954) malte sich selbst. Das nennt man **Selbstbildnis** oder **Selbstporträt**. Wenn ein Maler ein Bild von sich selbst malt, will er etwas über sich sagen und sich selbst besser kennen lernen.

Frida Kahlo blickt auf diesem Bild sehr ernst. Das hat seinen Grund. Als sie 18 Jahre alt war, hatte sie einen schweren Unfall. Sie musste viele Monate im Bett liegen und hatte große Schmerzen. Während dieser langen Zeit begann sie zu malen.

Frida Kahlo: Selbstbildnis mit Dornenkette und Kolibri, 1940

Auf diesem Foto ist Frida Kahlo 31 Jahre alt. Das war im Jahr 1938.

1 Vergleiche das Selbstbildnis mit dem Foto. Beide sind ungefähr zur selben Zeit entstanden.

2 Was bedeutet wohl der kleine Affe auf dem Bild?

3 Nimm einen Spiegel in die Hand und schaue dich an. Male oder zeichne dich selbst.

Kinder entwickeln sich

Jahre

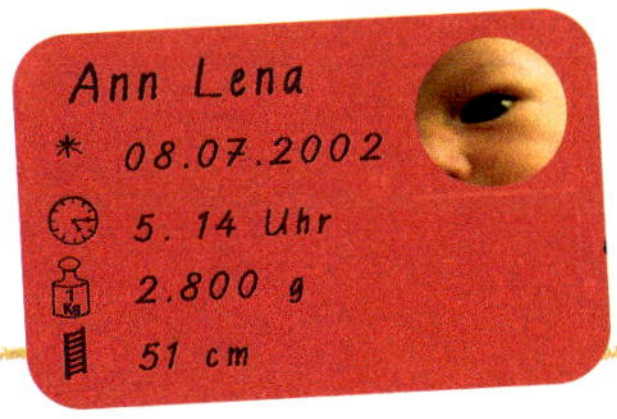

0

In dieser Zeit lernen Kinder allein zu sitzen.

1

Das ist der Zeitraum, in dem die meisten Kinder gehen lernen.

2

In diesem Alter beginnen Kinder zu zeichnen.

3

Während der Kindergartenzeit werden erste Freundschaften geschlossen.

4

Kinder lernen viel Neues dazu.

5

Vor der Einschulung wird die körperliche Entwicklung überprüft.

6

7

8

9

Heute ...

10

1 Was hast du im letzten Jahr dazugelernt?

2 Gestalte deine eigene Zeitschiene.

3 Wie sieht deine Zeitschiene für die Zukunft aus?

Wenn einer sagt, ich mag dich

M und T: Andreas Ebert

2. Wenn einer sagt: „Ich brauch dich, du,
ich schaff es nicht allein“,
dann kribbelt es in meinem Bauch,
ich fühl mich nicht mehr klein. Lalala ...

3. Wenn einer sagt: „Komm, geh mit mir,
zusammen sind wir was“,
dann werd ich rot, weil ich mich freu,
dann macht das Leben Spaß. Lalala ...

1 Ein Kind spielt Klänge und Geräusche, die zu den Gefühlen auf den Bildern passen. Ein anderes Kind stellt dazu die Gefühle pantomimisch dar.

Stimmungen in der Musik

Schnee fällt leis

M und T: aus Ungarn

17

oder

Bordun-
Begleitung

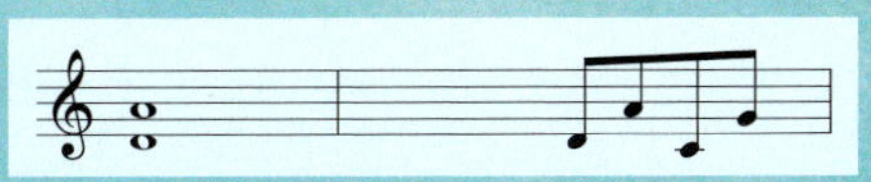

Sprich den ungarischen Text so:
a = Laut zwischen a und o
á = langes a
z = s

Unser Schneemann

M und T: Hans Poser

18/19

2. Einen blauen Topf
hat er auf dem Kopf,
das ist sein neuer Hut
und der gefällt ihm gut.

3. Unser Schneemann weint,
wenn die Sonne scheint,
das ist ihm gar nicht recht,
denn das bekommt ihm schlecht.

In der Musik können Stimmungen durch **Dur** und **Moll** ausgedrückt werden. Dur klingt eher strahlend und fröhlich, Moll eher wehmütig und weich.

1 Welches Lied steht in Dur, welches in Moll?

2 Sucht passende Adjektive zu beiden Liedern:
fröhlich • wehmütig • strahlend • weich • heiter • ernst

Interessen von Mädchen und Jungen

In der Freizeit können Mädchen und Jungen ihren Hobbys nachgehen. **Interessen** und **Begabungen** spielen dabei eine wichtige Rolle.

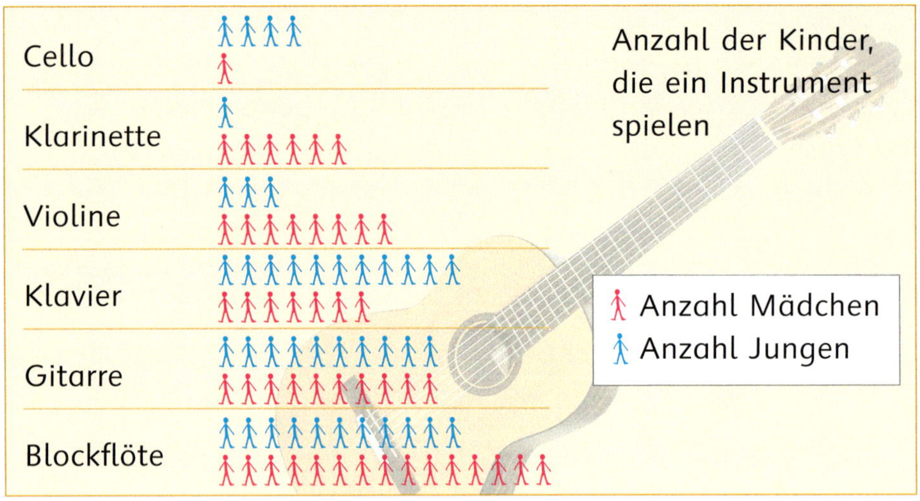

Auf diesem **Schaubild** erkennt man, wie viele 9-jährige Kinder der Musikschule Balingen welches Instrument erlernen.

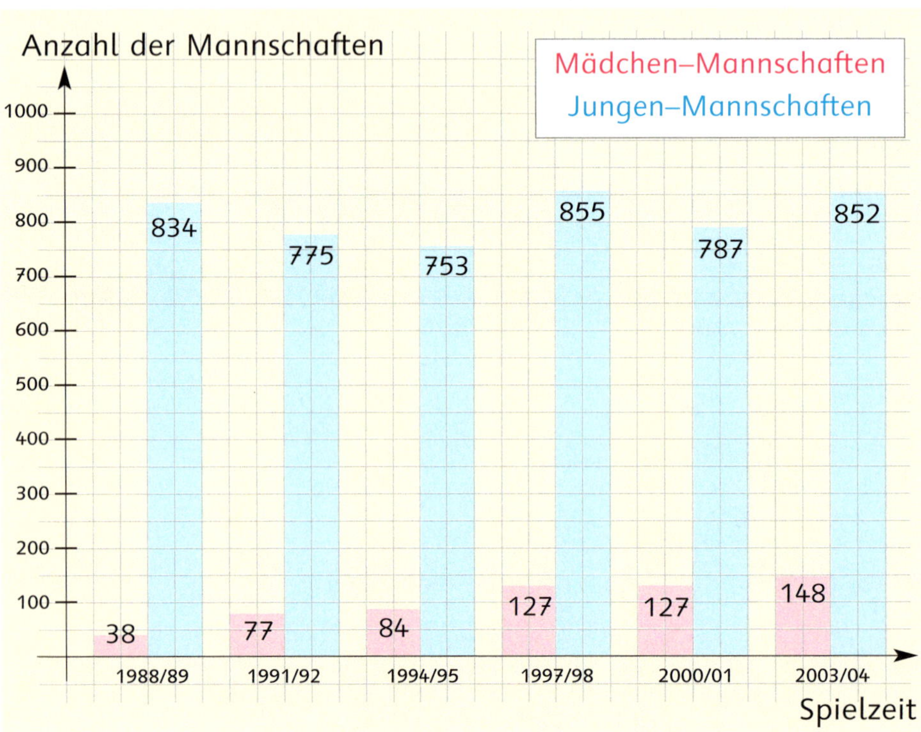

In diesem **Diagramm** ist dargestellt, wie viele Fußballmannschaften es in einer bestimmten Saison gab. In den Mannschaften spielten Jungen oder Mädchen im Alter von 15 bis 16 Jahren.

1 Stellt euch Fragen, die mit dem Schaubild beantwortet werden können: Welches ist das beliebteste Instrument? Welches Instrument spielen mehr Jungen als Mädchen? …

2 Wertet auch das Diagramm aus.

3 Wie verbringt ihr eure Freizeit? Welche Interessen habt ihr? Organisiert eine Umfrage in der Klasse. Fragt auch nach: Lieblingsessen, Lieblingsfächern, Lieblingsmusik …

4 Wertet die Ergebnisse aus. Überlegt euch, wie ihr sie darstellen könnt.

Vom Kind zum Erwachsenen

Zwischen dem 10. und 17. Lebensjahr verändert sich der Körper bei den Mädchen. Bei den Jungen ist die Zeit der körperlichen Veränderungen zwischen dem 12. und 19. Lebensjahr.
Diese Zeit nennt man **Pubertät** oder **Reifezeit**. Unter den **Achseln** und in der **Schamgegend** beginnen bei Mädchen und Jungen Haare zu wachsen. Der Körper sondert mehr Schweiß und Talg ab. Deshalb bekommen Jugendliche öfter Pickel.

Bei den Mädchen wächst die **Brust** und die **Hüften** werden etwas runder.

Die Jungen werden im Schulterbereich breiter, das **Glied** wächst und es beginnt der **Bartwuchs**. Außerdem vergrößert sich der **Kehlkopf**. Dadurch bekommen die Jungen eine tiefere Stimme. Die Übergangszeit nennt man **Stimmbruch**. Im Stimmbruch hört sich die Stimme heiser an.

Während der Pubertät verändert sich nicht nur der Körper bei Mädchen und Jungen, sondern auch das Verhalten, Denken und Fühlen. Die Jugendlichen sind oft verunsichert und fühlen sich nicht verstanden. Dadurch ist ihr Verhalten für Erwachsene häufig unverständlich und es kommt zu Streitigkeiten.

> In Indien bekommen die Jungen zum Eintritt in das Erwachsenenalter ein geweihtes Hemd und eine heilige Schnur geschenkt.
> Die Schnur steht für gute Gedanken, gute Taten und gute Worte.
> Diese drei Vorsätze sollen den Erwachsenen immer begleiten.

1 Beschreibe in Stichworten, was sich während der Pubertät bei Mädchen und Jungen verändert.

Unterschiede zwischen Frau und Mann

Auch im Körperinnern gibt es während der Pubertät Veränderungen. Die **Geschlechtsorgane** reifen heran. Sie sind bei Mädchen und Jungen unterschiedlich.

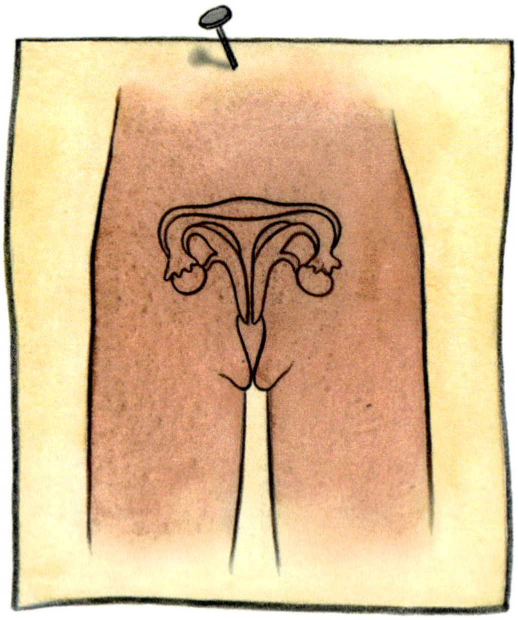

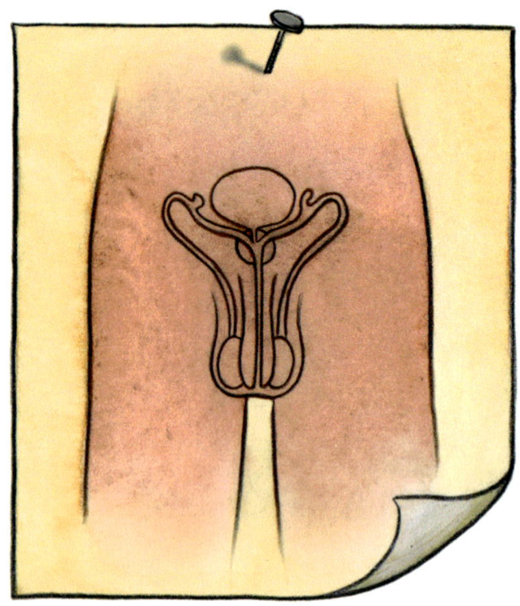

Bei den Mädchen reifen in den **Eierstöcken** Eizellen heran. Einmal im Monat verlässt eine **Eizelle** einen Eierstock. Sie wandert über die **Eileiter** in Richtung **Gebärmutter**. Dort hat sich eine gut durchblutete **Schleimhaut** gebildet, in der sich eine befruchtete Eizelle festsetzen und weiterentwickeln könnte. Wird die Eizelle nicht befruchtet, scheidet der Körper die Schleimhaut aus. Dabei fließt Blut aus der **Scheide**. Diese Blutung dauert etwa 3 bis 6 Tage. Man nennt sie **Monatsblutung** oder **Periode**. Mit Binden oder Tampons kann man das Blut auffangen. Regelmäßige Körperpflege ist nun noch wichtiger als vorher.

Bei den Jungen entstehen nun in den **Hoden** ständig **Samenzellen**. Wenn sich viele Millionen Samenzellen angesammelt haben, dann werden sie über die **Samenleiter** und die **Harnröhre** im **Glied** ausgeschieden. Dabei werden sie mit einer Flüssigkeit aus besonderen **Drüsen** vermischt. Sie hält die Samenzellen lebendig. So entsteht der **Samenerguss**, der oft im Schlaf eintritt. Der Junge spürt den Samenerguss. Er ist mit angenehmen Gefühlen verbunden. Körperpflege ist nun wichtiger als vorher. So sollten Ablagerungen, die sich unter der **Vorhaut** angesammelt haben, regelmäßig mit Wasser abgewaschen werden.

Ab der ersten Periode und dem ersten Samenerguss können Mädchen schwanger werden und Jungen Kinder zeugen. Wenn eine Samenzelle und eine Eizelle zusammentreffen, kann im Körper der Frau ein Kind heranreifen.

„Nein" sagen ist erlaubt

Manchmal muss man Aufgaben erfüllen, die man nicht so gern macht, wie Aufräumen oder Hausaufgaben.
Solche Pflichten müssen erledigt werden, damit das Zusammenleben funktioniert.

Mit dem eigenen Körper ist das anders. Hier muss jeder selbst bestimmen, was er mag oder nicht mag. Berührungen, Küsse oder Umarmungen, die einem unangenehm sind, müssen abgewehrt werden. Man muss deutlich **„Nein" sagen**.

1 Diskutiert, ob die Kinder auf den Bildern diese Berührungen mögen oder nicht.

2 Erzähle von ähnlichen Situationen.

3 Was könnt ihr tun, wenn ihr Berührungen nicht mögt? Sucht Lösungen. Spielt sie vor.

Hilfe bei Problemen

Es gibt Probleme, die man allein nicht lösen kann. Manchmal sind es auch Geheimnisse, die einen sehr bedrücken. Wenn man darunter leidet, sollte man sie einer Person erzählen, der man vertraut.

Helfen können auch **Kinderschutzzentren** oder der **Kindernotruf**. Diese Einrichtungen findet man im Telefonbuch und im Internet.

Das Gespräch ist nachgestellt.

An ein Kinderschutzzentrum können sich Kinder und Jugendliche wenden. Man kann dort allein hingehen oder in Begleitung eines Freundes, Lehrers, Trainers oder der Eltern.

Im Kinderschutzzentrum arbeiten Menschen, die gelernt haben, bei Problemen zu helfen. Das sind Ärzte, Sozialpädagogen oder Psychologen. Alles, was man dort bespricht, wird sehr **vertraulich** behandelt. Wenn man nicht will, muss man seinen Namen nicht nennen.
Die Probleme der Kinder, die in ein Kinderschutzzentrum kommen, sind verschieden. Manche werden misshandelt, gedemütigt oder sexuell belästigt. Andere Kinder haben Schulangst oder können nicht schlafen.
In Gesprächen wird versucht eine Lösung für das Problem zu finden. Malen und Spielen helfen dabei. Man kann dort lernen, mit schwierigen Situationen besser umzugehen und sich selbst vor schlimmen Gefühlen zu schützen. Um ein Problem wirklich lösen zu können, müssen die Mitarbeiter des Kinderschutzzentrums manchmal andere Menschen einweihen. Dies geschieht nur, wenn das Kind das möchte.

1 Suche die Telefonnummer des Kindernotrufs und des Kinderschutzzentrums in deiner Nähe heraus.

2 Gestaltet ein Info-Plakat für den Schulflur.

Rund um das Miteinander

20 WER SETZT SICH DURCH?

- Spielt nacheinander und hört euch zu.
- Dann spielt ihr einen Streit. Wer schafft es, den anderen aus dem Konzept zu bringen? Ihr könnt dazu auch eine eigene Musik erfinden.

SCHUHGEHEIMNIS

Bildet zwei Gruppen. Stellt euch in einer Linie nach eurer Schuhgröße auf. Ihr dürft dabei nicht reden.

- Welche Gruppe ist zuerst fertig?

FOTOAPPARAT

Ein Kind ist der „Fotoapparat", ein anderes der „Fotograf". Der „Fotoapparat" schließt die Augen. Der „Fotograf" führt ihn vorsichtig zu der Stelle, die er knipsen will. Nun stellt er den „Apparat" ein: Er neigt den Kopf, lässt ihn in die Knie gehen, dreht den ganzen Körper ... Dann drückt der „Fotograf" sanft auf die Nasenspitze. Nur für diesen Moment darf der „Fotoapparat" seine Augen öffnen. Danach wird er zum Ausgangspunkt zurückgeführt.

- Was hat der „Fotoapparat" aufgenommen? Was wollte der „Fotograf" aufnehmen?
- Tauscht anschließend die Rollen.

www.unterwegs

Fahrzeuge machen mobil

In den vergangenen 250 Jahren gab es viele technische Entwicklungen. Sie veränderten die **Mobilität** (Beweglichkeit) des Menschen. Früher ging man zu Fuß oder bewältigte große Strecken mit dem Pferd oder der Kutsche. Heute haben Züge, Automobile und Flugzeuge die Welt völlig verändert.

Der Engländer **George Stephenson** entwickelte 1825 die **Eisenbahn**. 1835 fuhr die erste deutsche Eisenbahn die 6 Kilometer lange Strecke von Nürnberg nach Fürth in ungefähr 10 Minuten. Für den Fernverkehr werden heute **ICE** (Hochgeschwindigkeitszüge) eingesetzt. Sie können über 230 Stundenkilometer fahren. Im Stadtverkehr wird die **S- und U-Bahn** genutzt. In Deutschland fahren jährlich etwa 2 Milliarden Personen mit der Bahn.

Um 1886 entwickelten mehrere Erfinder wie **Gottlieb Daimler**, **Carl Benz** und **Nikolaus August Otto** schnell laufende **Benzin- und Dieselmotoren**. Diese wurden in Kutschen eingebaut. Dadurch waren sie **automobil** (selbstfahrend). Heute ist das **Auto** Hauptverkehrsmittel. Man nutzt es zum Einkaufen, für Fahrten zur Arbeit oder für Urlaubsreisen. In Deutschland gibt es pro 1000 Einwohner (Kinder und Erwachsene) etwa 540 Autos.

Otto Lilienthal baute um 1891 die ersten **Flugapparate**. Der Flugzeugbau entwickelte sich schnell weiter. Schon 1927 flog **Charles Lindbergh** die 5780 Kilometer von New York nach Paris in knapp 37 Stunden. Große **Passagierflugzeuge** fliegen heute etwa 900 Stundenkilometer. Sie befördern bis zu 500 Personen rund um die Welt. Jedes Jahr fliegen etwa 114 Millionen Menschen von deutschen Flughäfen ab.

1 Informiert euch genauer über eines dieser Verkehrsmittel. Stellt die Ergebnisse vor.

2 Wie könnte ein Fahrzeug in 50 Jahren aussehen? Gestalte.

Mobil und umweltfreundlich

Laufrad (Draisine)

Tretkurbelrad

Hochrad

Niederrad

Karl von Drais erfand 1817 eine lenkbare **Laufmaschine**. Sie war aus Holz und hatte keine Bremsen und Pedale.
Um 1865 versah **Philipp Moritz Fischer** das Vorderrad mit einem Pedal. Das **Laufrad** wurde zum **Tretkurbelrad**.
Um 1870 wurde das Vorderrad immer größer gemacht. So konnte mit einer Kurbelumdrehung ein längerer Weg zurückgelegt werden.
Das Fahren mit dem **Hochrad** war aber sehr gefährlich.
Um 1885 wurde das sichere **Niederrad** entwickelt. Die Pedale befinden sich nun zwischen Vorder- und Hinterrad. Dieses Rad ist den heutigen Rädern schon sehr ähnlich.

Heute gibt es in Deutschland über 50 Millionen Fahrräder.

- Viele Städte haben ausgebaute **Radwege**.
- Das Fahrrad wird als **Fortbewegungsmittel** genutzt. In der Freizeit wird es zum **Sportgerät**. Man hält sich dadurch körperlich fit.
- Das Fahrrad verursacht geringe Kosten. Seine Nutzung verringert Parkplatznot und Staus in Städten.

Der ADFC (Allgemeiner Deutscher Fahrrad-Club) kümmert sich um die Interessen der Radfahrer und bearbeitet Themen wie Technik, Sicherheit und Umweltschutz.

1 Heute gibt es unterschiedlichste Fahrradtypen. Stellt einige vor.

2 Diskutiert die Vor- und Nachteile des Fahrrades.

3 Vergleicht das Fahrrad mit anderen Verkehrsmitteln. Denkt an Kosten, Lärm, Freizeit, Gesundheit, Schnelligkeit, Umwelt und Sicherheit.

Radfahren – aber sicher

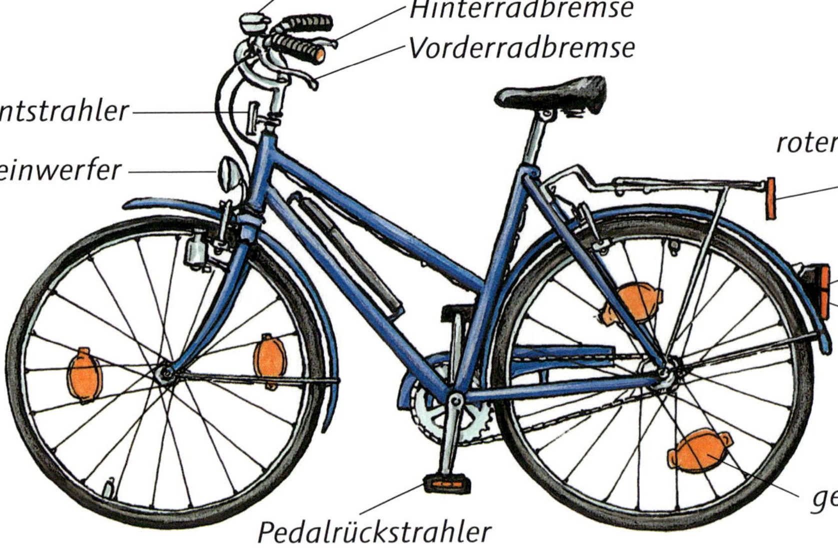

Erste Voraussetzung für die Sicherheit im Straßenverkehr ist ein **betriebssicheres Fahrzeug**. Außerdem müssen Straßenfahrräder **verkehrssicher** ausgerüstet sein. Das bedeutet, alle zehn abgebildeten Teile sind am Fahrrad vorhanden. Sie müssen auch funktionieren. Die Teile sind von der Polizei vorgeschrieben. Batteriebetriebene Scheinwerfer werden nicht akzeptiert.

Zum sicheren Radfahren gehört auch die richtige **Schutzbekleidung**. Besonders wichtig ist dabei der **Fahrradhelm**. Bei einem Sturz muss er den Kopf schützen. Deshalb sollte er nicht zu locker im Nacken getragen werden. Der Fahrradhelm darf die Sicht nicht einschränken und muss die Ohren frei lassen.
Beim Kauf ist darauf zu achten, dass der Helm nicht zu eng, aber auch nicht zu weit ist.

Nicht nur der Kopf sollte beim Radfahrer geschützt werden. Es gibt weitere Möglichkeiten für den Schutz und die Sicherheit.

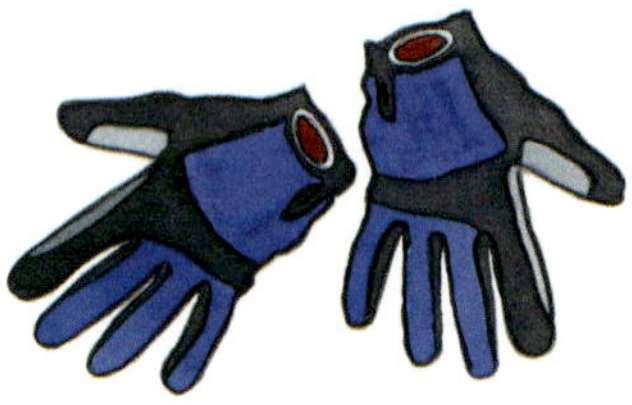

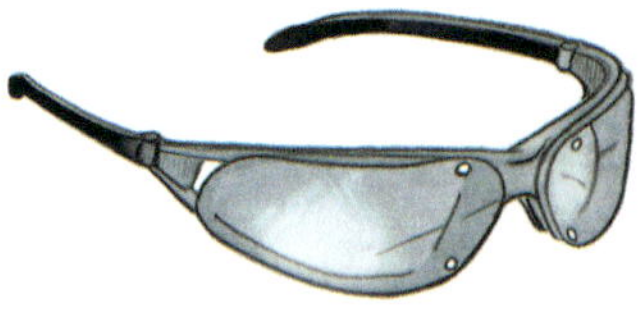

1 Überprüfe dein Fahrrad. Ist es verkehrssicher?

2 Welche Schutz- und Sicherheitskleidung nutzt du?

Funktion und Wartung

Licht, **Bremse** und **Kette** sind wichtige Teile für die **Betriebssicherheit** eines Fahrrades. Sie müssen regelmäßig kontrolliert und gewartet werden.

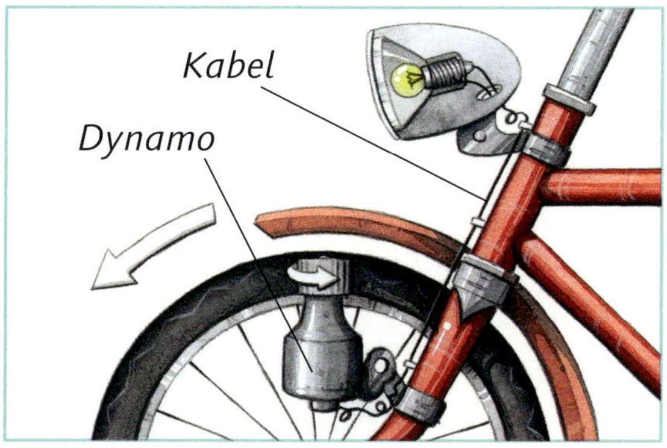

Mit dem Reifen dreht sich die Rolle des **Dynamos**. Durch die Drehung wird **Strom** erzeugt. Über Kabel wird der Strom zum Scheinwerfer geleitet. Dort wird er in **Licht** umgewandelt. Leuchtet der Scheinwerfer nicht, muss oft nur eine neue Glühlampe in die dafür vorgesehene Fassung eingedreht werden.

Beim Betätigen des **Bremshebels** zieht ein Kabel die Bremsarme zusammen. Dadurch drücken die Bremsklötze gegen die **Felge**. Das Fahrrad wird abgebremst. Bevor man losfährt, sollten beide **Bremsen** geprüft werden. Die Bremsbeläge werden mit der Zeit abgeschliffen. Sie sollten regelmäßig angeschaut werden, ob sie noch hoch genug sind.

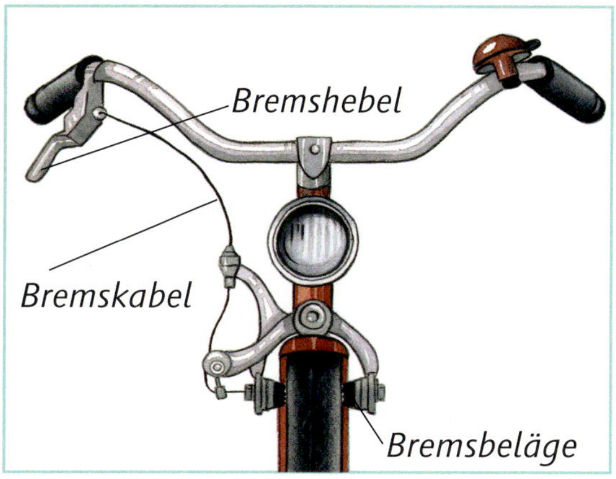

Die **Kette** läuft locker auf den **Zahnrädern**. Sie überträgt die Muskelkraft über die Pedale auf das Hinterrad. Die Kette sollte regelmäßig mit Bürste, Tuch und Wasser gesäubert werden. Anschließend muss man sie wieder fetten, am besten mit Sprühöl.

1 Nutze die Tipps zur Fahrradwartung. Kontrolliere dein Fahrrad auf Betriebssicherheit.

2 Probiere die Bremsen deines Fahrrades auf verschiedenen Untergründen aus: Sand, Wasser, Erde, Kies …
Beschreibe deine Eindrücke.

3 Durchfahre eine festgelegte Strecke im 1. und im 3. Gang. Zähle die Pedaltritte, die du dafür brauchst.

Anfahren vom Fahrbahnrand

Jede Fahrt mit dem Fahrrad beginnt mit dem **Anfahren**.

> Die **Straßenverkehrsordnung (StVO)** Paragraph 10 besagt:
> Wer aus einem Grundstück ... auf die Fahrbahn einfahren oder vom Fahrbahnrand anfahren will, hat sich dabei so zu verhalten, dass eine Gefährdung anderer Verkehrsteilnehmer ausgeschlossen ist.

Wer sicher anfahren möchte, muss deshalb folgende Punkte beachten:

1. Das Fahrrad ist links von dir und wird an den rechten **Fahrbahnrand** geschoben. Dort steht es in **Fahrtrichtung**. Dabei wird der Verkehr von dir beobachtet.

2. Durch einen **Blick über** die linke **Schulter** vergewissert man sich, dass kein anderer Verkehrsteilnehmer kommt.

3. Durch ein deutliches **Handzeichen** mit der linken Hand wird angezeigt, dass man anfahren möchte.

4. Beim **Anfahren** sind beide Hände am **Lenker**. Vom Fahrbahnrand wird ein Sicherheitsabstand von 30 bis 50 cm gehalten.

1 Übe das richtige Anfahren auf dem Schulhof.

Vorbeifahren an Hindernissen

Parkende Autos behindern häufig die Fahrt auf der Straße. Beim **Vorbeifahren an** diesen **Hindernissen** ist besondere Vorsicht geboten, weil dabei oft die Gegenfahrbahn benutzt werden muss.

6. Handzeichen nach rechts geben und wieder rechts einordnen.

5. Sicherheitsabstand von einem Meter einhalten.

4. Gegenverkehr beachten und vorbeilassen.

3. Einordnen zur Fahrbahnmitte.

2. Handzeichen nach links geben.

1. Umsehen.

Manchmal werden Hindernisse auch durch Verkehrszeichen angekündigt.

Gefahrstelle

Einseitig (rechts) verengte Fahrbahn

Baustelle

Dem Gegenverkehr Vorrang gewähren!

1 Was ist zusätzlich zu beachten, wenn du ein langsameres Fahrzeug überholen willst?

2 Wo hast du diese Verkehrsschilder in deiner Umgebung gesehen? Warum wurden sie aufgestellt?

Vorfahrtsregeln

In der **Straßenverkehrsordnung (StVO)** Paragraph 8 steht, dass bei Kreuzungen und Einmündungen das Fahrzeug **Vorfahrt*** hat, das von rechts kommt. Diese Verkehrsregel nennt man auch „rechts vor links".

* Vorfahrt nennt man die Berechtigung, vor anderen Verkehrsteilnehmern fahren zu dürfen.

In folgenden Fällen gilt die Regelung „rechts vor links" nicht.

bei Grundstücksausfahrten

bei Wald-, Wiesen- und Feldwegen

Durch Verkehrszeichen oder eine Ampel kann die Vorfahrtsregel „rechts vor links" aufgehoben werden.

Bei diesem Zeichen muss der Verkehrsteilnehmer warten.

Vorfahrt gewähren!

Halt! Vorfahrt gewähren!

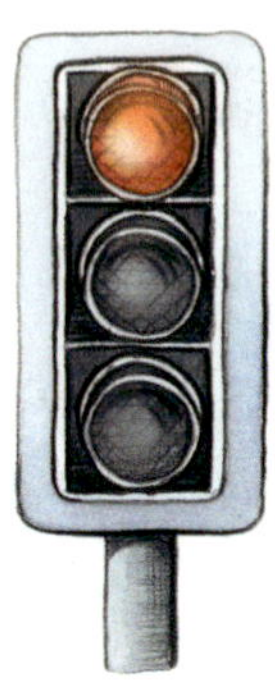

Diese Zeichen gewähren die Vorfahrt.

Vorfahrtstraße

Vorfahrt (nur an dieser Kreuzung)

1 Wo gilt in deiner Wohnumgebung die Vorfahrtsregel „rechts vor links"?

Umsichtiges Verhalten

Oft wird man im Straßenverkehr von anderen Verkehrsteilnehmern übersehen oder falsch eingeschätzt, obwohl man sich richtig verhält. Deshalb muss das Verhalten der anderen Verkehrsteilnehmer beobachtet werden.
Wenn es notwendig ist, muss auf das eigene Recht verzichtet werden.

Der Fahrer eines Fahrzeuges hat trotz seiner Spiegel einen Bereich, den er nicht oder kaum einsehen kann. Man nennt den Bereich **toten Winkel**.

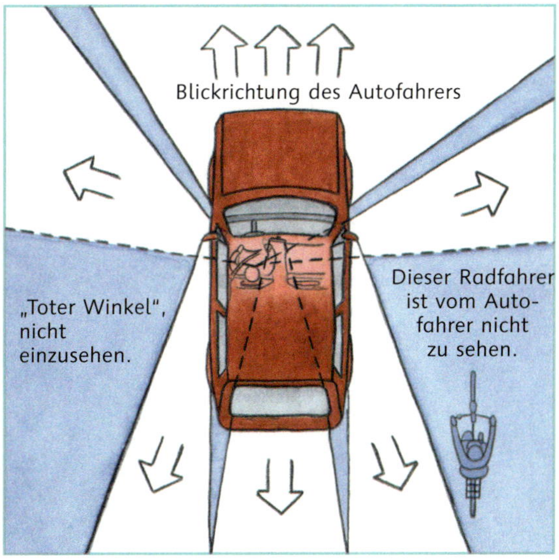

Trotz Beleuchtung und Speichenstrahler sind Radfahrer bei Regen, Nebel und Dunkelheit schwer zu erkennen. Deshalb ist **helle Kleidung** wichtig.

Auf **Radwegen** sollte nicht zu schnell gefahren werden. Bäume, Büsche, Litfaßsäulen, Postkästen, Telefonzellen und andere **Sichthindernisse** erfordern ein **aufmerksames Fahren**.

1 Überlegen und Ausprobieren:
- Der Bereich des toten Winkels ist für LKW-Fahrer noch größer. Warum?
- Dunkelt einen Raum ab. Probiert verschiedene Kleidungsstücke aus.
- Beschreibe weitere Situationen, die für Radfahrer gefährlich sind.

Marcel Duchamp: Fahrrad-Rad, 1913

Verkehrte Welt: Sitz unten, Rad oben. Mit diesem Rad kann man natürlich nicht fahren.
Der französische Künstler **Marcel Duchamp** (1887–1968) befestigte das Vorderrad mit der Radgabel auf einem Hocker. Der Künstler wollte mit dem Rad etwas Besonderes zeigen: Wenn sich das Rad in einer bestimmten Geschwindigkeit dreht, werden die einzelnen Speichen trotz der Bewegung wieder sichtbar.
Duchamp nahm häufig Dinge aus dem Alltag und machte aus ihnen Kunst-Objekte. Das nannte er dann **Ready-made**, übersetzt bedeutet das fertig-gemacht.

Das Bild vom Radfahrer von der russischen Malerin **Natalia Gontscharowa** (1881–1962) entstand im selben Jahr wie das „Fahrrad-Rad" von Duchamp. Die Malerin malte die Geschwindigkeit im Bild.

Natalia Gontscharowa: Der Radfahrer, 1912/13

1 Zeichne dich auf dem Fahrrad. Schau dir dein Fahrrad genau an.

2 Woran erkennst du, wie schnell der Radfahrer die Straße entlangrast?

3 Versuche mit Farben zu malen, wie ein Auto auf der Straße entlangsaust.

Rund um das Fahrrad

PARTNERRADELN

Liegt auf dem Boden und berührt euch an beiden Fußsohlen. Könnt ihr so Rad fahren (vorwärts/rückwärts treten, bremsen)? Versucht, nicht von den „Pedalen" abzurutschen.

IM TOTEN WINKEL

Du kannst feststellen, ob du dich im toten Winkel befindest oder nicht. Wenn du selbst den Fahrer nicht durch das Fenster oder im Spiegel sehen kannst, kann er dich auch nicht sehen.

- Probiert aus. Baut hierzu in eurem Klassenzimmer nebenstehende Situation auf.

IM VERKEHR

21 Der Komponist Steve Reich (geboren 1936) hat Geräusche des Straßenverkehrs aufgenommen und in Musikstücke eingebaut. Seine Musiker ahmen auch den Straßenverkehr nach: Holzblasinstrumente für das Gehupe von Autos, Basstrommeln für knallende Türen und Becken für Bremsen.

- Erfindet mit Stimme und Instrumenten eine Klanggeschichte. Welche Ähnlichkeiten gibt es zum Stück von Steve Reich?

Natur entdecken: Tiere und Pflanzen

Menschen schaffen Gärten

Als die Menschen nicht mehr umherzogen, sondern an einem Ort lebten, umzäunten sie Land. So war es vor Tieren geschützt.
Auf dieser Fläche versuchten sie **essbare Pflanzen** anzubauen.
Über sehr viele Jahre hinweg erwarben die Menschen durch Beobachtung viel Wissen. Das half ihnen, die Pflanzen besser zu versorgen und so besser wachsen zu lassen. Das Ergebnis war eine größere **Ernte**. Im Laufe von Tausenden von Jahren **züchteten** die Menschen so aus **Wildpflanzen** die heutigen **Nutzpflanzen**.

Aus dem Wilden Kohl, der an den Dünen am Meer wächst, wurde Blumenkohl, Rosenkohl, Broccoli, Grünkohl und Rotkohl.

Meerkohl

Blumenkohl

Rosenkohl

Broccoli

Grünkohl

Rotkohl

Als die Seefahrer vor gut 500 Jahren zu ihren Entdeckungsfahrten aufbrachen, brachten sie aus den fernen Ländern auch neue Pflanzen mit: Kartoffeln, Tomaten, Bohnen ...
In Europa musste man erst herausfinden, wie man sie zubereitet und isst. So versuchten die Menschen die grünen Früchte der Kartoffel zu essen und verdarben sich dadurch den Magen.

Indianer übergeben einem englischen Seefahrer eine Kartoffelpflanze.

Bei Ausgrabungen in Ägypten entdeckte man Gärten, die schon 4000 Jahre vor Christi Geburt angelegt wurden.

1 Welche essbaren Gartenpflanzen kennst du?
Finde heraus, aus welchem Land sie ursprünglich stammen.

Verschiedene Gärten

In einem **Nutzgarten** pflanzt man vor allem Obst und Gemüse. Der Gärtner möchte möglichst viel ernten. Er teilt seinen Garten in **Beete** ein und bepflanzt diese mit einer Gemüse- oder Obstart. Viele Tiere wie Schnecken, Mäuse und Läuse möchte der Gärtner nicht in seinem Garten haben. Er nennt diese Tiere **Schädlinge**. Sie schaden den Pflanzen, die er nutzen möchte.

Der **naturnahe Garten** bietet Platz für viele verschiedene Pflanzen und Tiere. Dabei achtet der Gärtner darauf, dass vor allem heimische Tiere und Pflanzen gute Bedingungen vorfinden. Es gibt keine Beete, sondern **Bereiche**.
In einem Bereich wachsen verschiedene Pflanzen. Sie bieten unterschiedlichen Tieren einen Lebensraum.
Schädlinge versucht der Gärtner mit **Nützlingen** zu bekämpfen.
Nützlinge sind Tiere, die Schädlinge fressen. Ein Igel frisst viele Schnecken.

1 Beschreibe Gärten in deiner Umgebung.

2 Es gibt noch mehr Nützlinge. Werde Experte für einen.

Sassa, die Vogelscheuche

M: Uli Führe • T: Jörg Ehni

22/23

2. Sassa, die Vogelscheuche, Vogelscheuche,
wackelt mit dem Kopf, wackelt mit dem Kopf.
|: Sassa, die Vogelscheuche, wackelt mit dem Zopf. :|

Sassa di ...

3. Sassa, die Vogelscheuche, Vogelscheuche,
winkt mit einem Arm, winkt mit einem Arm.
|: Sassa, die Vogelscheuche, winkt dem Rabenschwarm. :|

Sassa di ...

1 Stellt das Lied dar. Dabei kann es mehrere Vogelscheuchen geben, die auf einem Bein tanzen, mit dem Kopf wackeln und einem Rabenschwarm begegnen ...

Jan Brueghel d. Ä.: Blumenstrauß, 1606/08

In diesem Blumenstrauß sind über hundert Blumen zusammengebunden. Der Maler **Jan Brueghel** (1568–1625) hat jede einzelne Blüte ganz deutlich gemalt. Es sind Blumen, die auf der Wiese, im Garten oder im Gewächshaus wachsen. Diese Blumen blühen in der Natur nicht alle gleichzeitig, manche blühen im Frühling oder Sommer, andere im Herbst. Jan Brueghel hat viele Blumensträuße gemalt. Er wird auch der „Blumenbrueghel" genannt.

Dieses Gemälde ist ein **Stillleben**. Es zeigt leblose Gegenstände. Stillleben bilden oft Blumen, aber auch Früchte, Speisen, tote Tiere oder Gefäße ab.

1 Welche Blumen erkennst du? Schlage auch in einem Pflanzenbuch nach.

2 Pflücke dir einen kleinen Blumenstrauß. Male ein Blumenstillleben.

Wovon leben Pflanzen?

Die Pflanze braucht zum Wachsen **Licht**, **Wasser**, **Nährstoffe** und **Luft**.
Über die Wurzeln saugt die Pflanze Wasser. Darin sind Nährstoffe aus dem Boden gelöst. **Mineralien** wie Kalk, Kali und Phosphor sind Nährstoffe. **Stickstoff** nimmt die Pflanze ebenfalls auf.
Winzige Körner, die **Chlorophyll** heißen, lassen eine Pflanze grün aussehen. Die grünen Teile der Pflanze nehmen Luft auf und lösen daraus ein Gas. Es heißt **Kohlendioxid**.
Aus dem Kohlendioxid und Wasser entsteht **Traubenzucker**. Dieser Traubenzucker und die Nährstoffe lassen Blätter, Blüten und Früchte wachsen.
Beim Herstellen des Traubenzuckers entsteht **Sauerstoff**. Diesen benötigt die Pflanze nicht. Deshalb gibt sie den Sauerstoff an die Luft ab.
Das Chlorophyll braucht **Energie** zum Arbeiten. Diese bekommt es durch das **Sonnenlicht**.

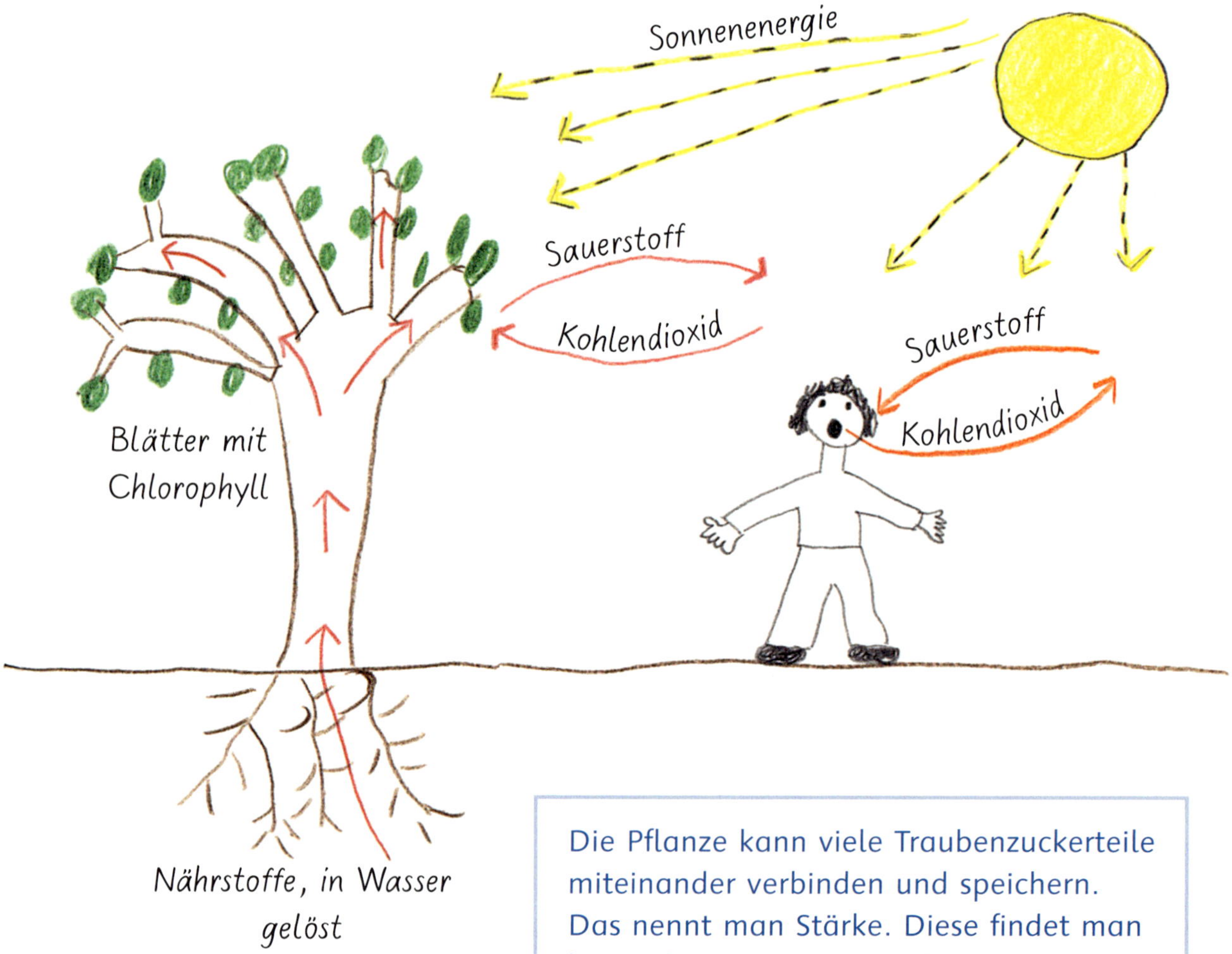

Die Pflanze kann viele Traubenzuckerteile miteinander verbinden und speichern. Das nennt man Stärke. Diese findet man beispielsweise in der Knolle der Kartoffel.

1 Beweise, dass Pflanzen Wasser brauchen. Pflege eine Pflanze, indem du sie gießt. Gieße eine zweite Pflanze nicht.

2 Beweise, dass Pflanzen Licht brauchen. Beschreibe deinen Versuchsaufbau.

Vermehrung von Pflanzen

Die Pflanzen **vermehren** sich auf sehr unterschiedliche Art.

Die meisten Pflanzen vermehren sich durch **Samen**. Die Samen befinden sich in **Früchten**.

Birnenfrucht mit Samen

Eine andere Möglichkeit der Vermehrung ist die **Teilung**. Der Pflanzenstock wird mit dem Messer oder dem Spaten geteilt. Jeder Teil wird getrennt eingepflanzt.

Teile eines Schnittlauchbusches

Einige Pflanzen bilden **Ausläufer**. Das sind neu bewurzelte Pflänzchen, die sich über oder unter der Erde bilden. Sie werden abgetrennt und neu eingesetzt.

Erdbeere mit Ausläufer

Bei manchen Pflanzen kann man die Triebe oder Blätter abschneiden und in feuchte Erde stecken. Diese bilden dann Wurzeln. Die neuen Pflänzchen heißen **Stecklinge**.

Steckling der Geranie

Als es noch keinen Sprengstoff gab, füllten die Menschen Bohnensamen in Felsritzen. Diese befeuchteten sie. Die Bohnen quollen auf und sprengten dadurch den Felsen.

1 Vermehre Pflanzen. Beobachte ihr Wachstum.

Traumzauberbaum

M und T: R. Lakomy/M. Erhardt-Lakomy

1 Stellt euch vor, ihr seid ein Baum. Die Füße sind die Wurzeln und die Arme die Baumkrone. Summt dabei die Melodie des Liedes.

In vielen Liedern wird die Natur besungen.

Edelfräulein mit Fabelwesen, 15. Jahrhundert

Ein Edelfräulein begegnet einem Fabelwesen in einem von Blumen übersäten Garten. Das Fräulein muss das gefährliche Fabeltier bändigen, damit es mit den Hufen nicht alles zertrampelt. Mit einer Blume als Peitsche versucht das Fräulein das Untier zu zähmen. Das Bild mit dem Fabeltier ist nicht gemalt. Es wurde vor über 500 Jahren mit verschiedenfarbiger Wolle gewebt und ist ein Ausschnitt aus einem großen, kostbaren Bildteppich. Dieser Bildteppich ist 6 Meter lang und 80 cm hoch. Er lag nicht auf dem Boden, sondern hing als Schmuck an der Wand.

1 Was mag das für ein Fabeltier sein?
Welche Tiere erkennst du in diesem Fabeltier wieder?

2 Spielt den Kampf zwischen Edelfräulein und Fabelwesen auf Instrumenten.

3 Denke dir ein Fabeltier aus. Male es in kräftigen Farben.

Igel und Erdbeere im Jahreslauf

Den **Winter** verschläft der **Igel**. Sein Körper hat sich auf den **Winterschlaf** eingestellt. Er wiegt ungefähr 730 g. Seine Körpertemperatur sinkt von 35 °C auf 6 °C. Der Igel atmet statt 50-mal nur noch 10-mal in der Minute.

Die **Erdbeere** kann im Winter im Freien bleiben. Sie wächst in dieser Zeit nicht.

Im **Frühling** erwacht der Igel aus seinem Winterschlaf. Er wiegt nur noch 500 g. Ausgehungert begibt er sich auf Nahrungssuche. Er frisst Schnecken, Würmer und Insekten.

Die Erdbeerpflanze beginnt im Frühling zu wachsen und zu blühen.

Zu Beginn des **Sommers** bringt die Igelmutter meist vier bis sieben Junge zur Welt. Sie sind blind. Ihre Stacheln sind noch weiß.

Die Erdbeerpflanze bildet **Früchte** aus. Sie sind zuerst grün, werden dann weiß. Wenn sie rot sind, kann die **Ernte** beginnen. Im August werden die **Ausläufer** abgetrennt und neu eingesetzt.

Im **Herbst** frisst der Igel auch gerne Obst. Er muss sich eine Fettschicht zulegen. Im Spätherbst sucht sich der Igel einen trockenen und geschützten Platz für den Winterschlaf.

Die neuen Erdbeerpflanzen bilden Wurzeln. Um nicht zu vertrocknen, werden die Blätter leicht gelblich und rollen sich etwas ein.

1 Der Winter ist für Tiere und Pflanzen eine besonders schwierige Jahreszeit. Erkundige dich über andere Möglichkeiten, wie sie den Winter überstehen.

2 Beobachte eine Erdbeerpflanze im Garten oder im Topf.

Nahrungsbeziehungen

Im Garten leben die Tiere und Pflanzen nicht nur nebeneinander, sondern oft auch voneinander. Viele Tiere ernähren sich von ganz bestimmten Pflanzen oder anderen Tieren. Einige dieser **Nahrungsbeziehungen** zeigt das Schaubild.

1 Stellt euch Fragen zum Schaubild: Wer frisst Salat? …

2 Was passiert, wenn der Gärtner Gift gegen Schnecken einsetzt?

3 Findet im Schaubild Schädlinge und Nützlinge.

Der Kuckuck

M und T: Hans Poser

25/26

1 Mit der Stimme und Orff-Instrumenten könnt ihr die Vögel im Garten hörbar machen.

Der französische Komponist **Camille Saint-Saëns** (1835–1921) schrieb vor ungefähr 120 Jahren das Stück „Karneval der Tiere".
Er wollte dabei mit viel Witz Tiere durch Musik darstellen und verglich sie mit Menschen.

27

Das Stück heißt „Der Kuckuck". Darin spielt die Klarinette die Kuckucksrufe. Sie wechselt sich mit zwei Klavieren ab.

2 Jetzt bist du der Kuckuck und dein Stuhl ist der Baum. Verstecke dich hinter dem Baum und schaue immer hervor, wenn der Ruf ertönt.

28

Im Stück „Vogelhaus" kann man vor allem die Querflöte, die Geige und das Klavier hören. Sie spielen in raschem Tempo von hoch nach tief und umgekehrt.

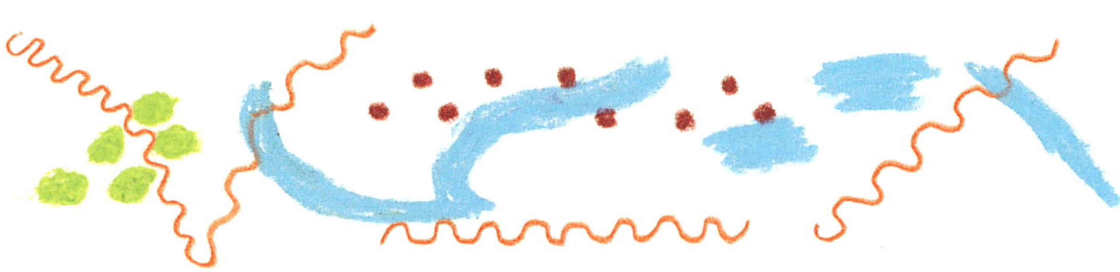

3 Zeichne zur Musik beim Hören.

Das Paradiesgärtlein, oberrheinischer Meister, um 1410

In diesem Garten gibt es viel zu entdecken. Er ist von einer Mauer umgeben. Mitten darin sitzt Maria, die Himmelskönigin, im blauen Kleid und liest. Vor ihr spielt das kleine Jesuskind auf einem Saiteninstrument, das Psalterium heißt. Andere Menschen arbeiten im Garten oder unterhalten sich.

Der Maler malte das Bild vor rund 600 Jahren.

Damals konnte noch nicht jeder lesen. Um die Geschichten von Maria und Jesus und von anderen Heiligen kennen zu lernen, wurden Bilder dazu gemalt.

1 Schau dir das Bild genau an. Finde die Ausschnitte im Bild wieder.

Alles hat seine Ordnung

Der schwedische Arzt und Naturforscher **Carl von Linné** (1707–1778) entwickelte ein System der Namensgebung für Pflanzen und Tiere. Er hat dazu 8500 Pflanzen und 4236 Tiere untersucht und beschrieben. Dadurch konnte er ihren Aufbau besser miteinander vergleichen.

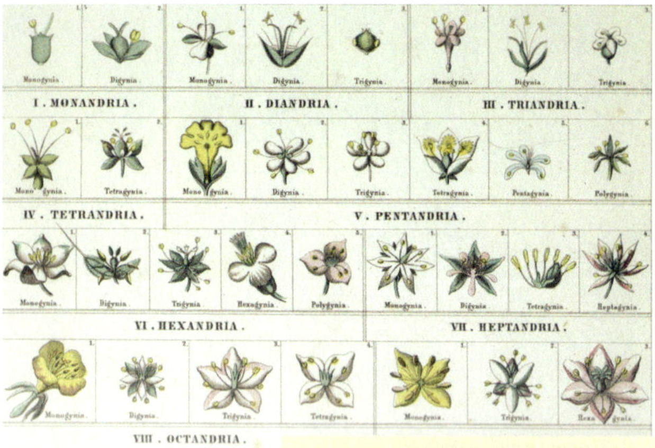

So ordnete Linné beispielsweise Pflanzen danach, ob sie Blüten hatten oder nicht. Als Ergebnis seiner Forschung gab er den Pflanzen und Tieren lateinische Namen.
An ihnen kann man ablesen, ob sie miteinander verwandt sind. Die Namen werden noch heute von Wissenschaftlern auf der ganzen Welt zur Verständigung benutzt.

Vanessa atalanta (Admiral)

Vanessa cardui (Distelfalter)

Papaver aurantiacum (Gelber Alpen-Mohn)

Papaver rhoeas (Klatschmohn)

Der **wissenschaftliche Name** einer Pflanze oder eines Tieres besteht aus zwei Teilen. Der erste Teil ist der **Gattungsname**. Er wird großgeschrieben. Der zweite Teil ist der **Artname**. Ihn schreibt man klein.

Der wissenschaftliche Name ist mit unseren Familiennamen und Vornamen vergleichbar.

Durch Forscher ist die Ordnung von Linné weiterentwickelt worden. Manches hat sich dadurch verändert.
Wenn in einem Bestimmungsbuch ein großes L und eine Jahreszahl hinter dem lateinischen Namen steht, so bedeutet das: Linné hat der Pflanze oder dem Tier in diesem Jahr den Namen gegeben.

1 Finde in einem Bestimmungsbuch Tiere und Pflanzen, denen Linné ihren Namen gab.

EINE PFLANZE IM SCHUHKARTON

1. Schneide in eine Schmalseite des Schuhkartons ein kleines Loch.
2. Befestige im Schuhkarton zwei Pappen.
3. Stelle einen Topf mit einem frisch gepflanzten und gegossenen Bohnensamen in den Karton. Schließe den Deckel.

Gießt und beobachtet die Pflanze einmal am Tag.

GRASKÖPFE

1. Schneide von einem Nylonstrumpf ein 30 cm langes Stück ab. Verknote das eine Ende und drehe den Strumpf so, dass der Knoten innen ist.
2. Gib eine Hand voll Grassamen in den Strumpf.
3. Fülle den Strumpf mit Sägemehl auf und verknote ihn.
4. Wenn du möchtest, kannst du eine Nase formen und diese mit einem Gummi abbinden.
5. Tauche den Strumpf in eine Schüssel mit Wasser, bis er sich voll gesaugt hat.
6. Stelle den Strumpf auf einen Teller oder Untersetzer. Achte darauf, dass die Grassamen oben sind. Besprühe ihn täglich mit Wasser.

2

3

4

6

Mandala

Aus Ästen, Wurzeln, Blättern, Blüten und anderen Dingen aus der Natur kann man ganz verschiedene Bilder legen.

- Sammle Dinge aus der Natur und lege ein Mandala.
- Fotografiere dein Mandala. Denn schon bald haben Wind oder Regen alles fortgetragen.

Frühling

Der Zitronenfalter – eine Klanggeschichte

T: Josef Guggenmos

Es spielen mit: mehrere Zitronenfalter, der beginnende Frühling, der ausklingende Winter und weitere Instrumentenkinder.

Der Zitronenfalter

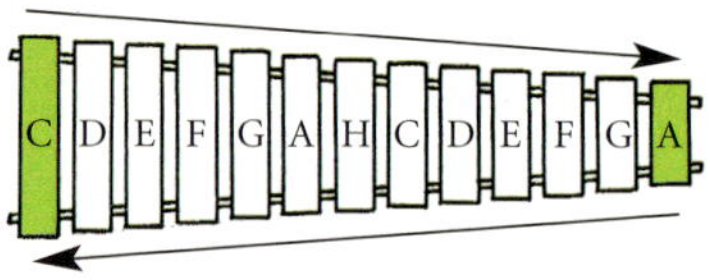

Wenn der Schnee z e r r i n n t,
wenn der Frühling beginnt,
wenn die allerersten Veilchen blühn,

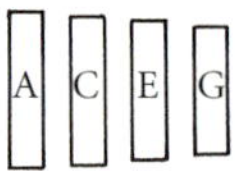

schwebt **ein gelbes Ding**
durch die Luft dahin
wie eine Blume, so leuchtend und leicht:
ein Schmetterling.

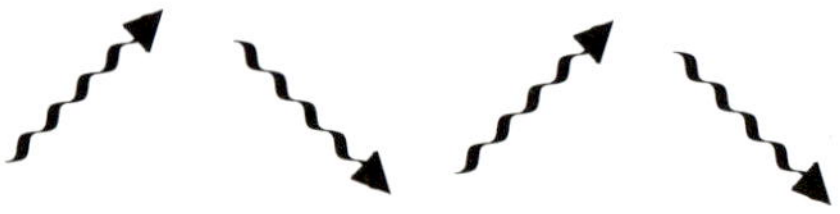

Du siehst es und freust dich
und wunderst dich sehr:
Der Zitronenfalter,
wo kommt **er** her?

Es hat gefroren, es hat geschneit –
wo war **er** die l a n g e Winterszeit?

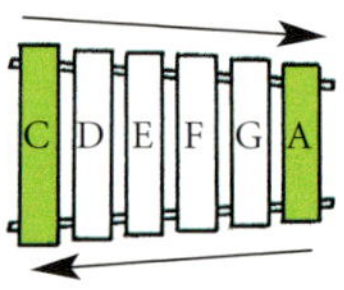

Draußen im Wald,
in dem **hohen** Wald (*laut*)
steht von Preiselbeerbüschen
ein winziger Wald. (*leise*)
In dem dichten Gezweig
saß **er** tief versteckt,
wochenlang von Schnee bedeckt,
von mir nicht, von dir nicht,
von niemand entdeckt.

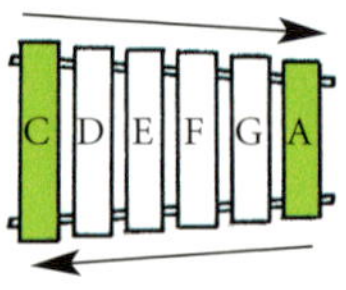

Steif und still,
still und steif

saß **er** und schlief;
kein Toter schläft tiefer,
so schlief er, so tief,
bis der Frühling kam,
der **ihn** rief.

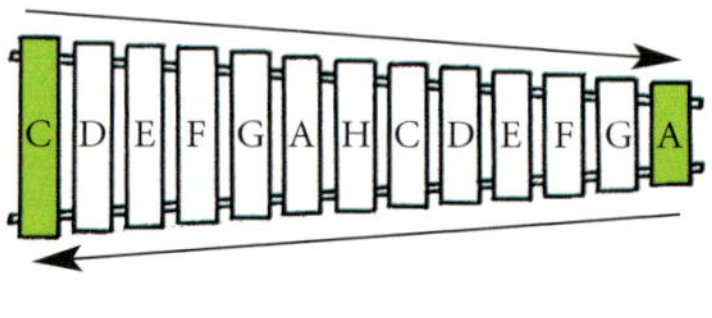

1 Spielt bei die Melodie des Zitronenfalters.

Der Winter ist vorüber

M und T: aus der Schweiz
deutscher Text: Kurt Suttner

2. Da droben in den Bergen
sind Eis und Schnee getaut,
im Walde sucht der Kuckuck
ein Nest, das schon gebaut.
Kuckuck, Kuckuck,
sind Schnee und Eis getaut,
im Walde sucht der Kuckuck
ein Nest, das schon gebaut.

2. Lassù per le montagne,
la neve non c'è più,
comincia a far il nido
il povero cucù.
Cucù, cucù,
la neve non c'è più,
comincia a far il nido
il povero cucù.

Bauen

Günther Uecker: *Rasenmöbel*, 1963

Der Künstler **Günther Uecker** (geboren 1930) zeichnet und malt nicht, sondern schafft Bilder mit Nägeln: Nagelbilder. Aber nicht nur das! Er nimmt einen Tisch, einen Stuhl oder einen Fernseher und benagelt diese Gegenstände und gestaltet auf diese Weise witzige Dinge wie diese Gartenmöbel. Mit den Nägeln verändert Uecker den Tisch und den Stuhl. Die Möbel können so nicht mehr benutzt werden. Man sagt, sie sind **verfremdet**.

Günther Uecker plant seine Arbeiten und macht viele **Skizzen**. Das sind gezeichnete Entwürfe, die dem Künstler zeigen, wie die Arbeit aussehen wird.

1 Suche Gegenstände, die du so verändern möchtest, dass du sie nicht mehr benutzen kannst.

2 Experimentiere mit Nagel, Hammer und verschiedenen Materialien. Arbeite vorsichtig.

Günther Uecker spaziert mit seinem Lieblingsgegenstand – dem Nagel – durch die Straßen.

In seiner Werkstatt arbeitet der Künstler an einer Werkbank oder an einem kleinen Tisch.

An Werkzeugen braucht er für seine Nagelbilder und Nagelobjekte nur einen Hammer, Nägel und manchmal eine Zange, um die Nägel wieder herauszuziehen.

Günther Uecker schrieb auch ein kleines Hammergedicht:

hammerschläge
haften nagel zwischen finger
hammer schlag nagel
zeit-wünsche gehen verloren
heben nagel schweben
bleiben haften nagel
hammer fallen nehmen

1 Lies das Hammergedicht. Was fällt dir auf?

Instrumentenwerkstatt

Flaschen

Der Ton der Flasche klingt umso höher, je weniger schwingende Luft sich in der Flasche befindet (kurze **Luftsäule**).
So funktioniert auch die Blockflöte: Durch das Schließen aller Löcher wird mehr Luft in der Flöte in Schwingung versetzt (lange Luftsäule) = tiefer Ton.

Blockflöte

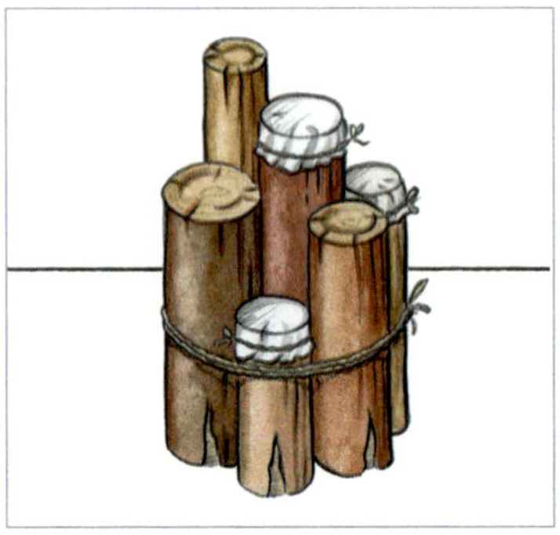

Trommelbündel

Die Größe bestimmt die Fülle des Klanges. Je länger die **Trommelröhre** oder je größer der Paukenkessel, desto lauter klingt dieses Schlaginstrument.

Pauke

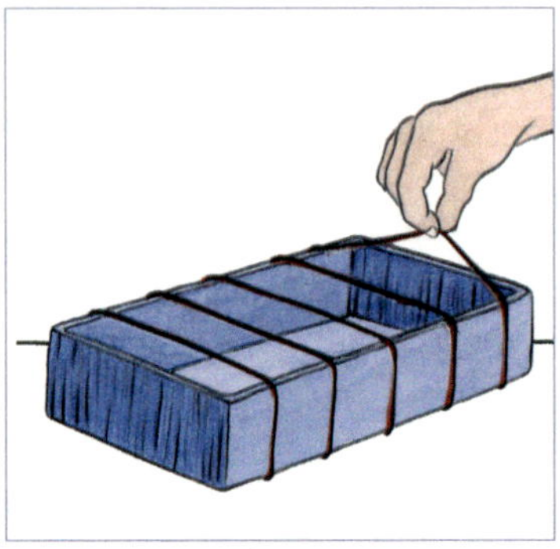

Gummiklinger

Es hängt von der Länge und der **Spannung** der Saite ab, wie hoch sie klingt. Die kürzeren und die längeren Saiten sind bei der Harfe deutlich zu unterscheiden.

Harfe

1 Baut in Gruppen die verschiedenen Instrumente. Hierfür braucht ihr: leere Flaschen, Pappröhren, Schnur, Butterbrotpapier, Gummis und Schachteln verschiedener Größe.

2 Die fertigen Instrumente könnt ihr blasen, anschlagen und zupfen.

Klangskulptur

Timothy North aus San Francisco (Kalifornien, USA) hat ein besonderes Instrument gebaut:
Er hat sein Schlagzeug in einem hängenden Kreis angeordnet. Beim Spielen benutzt er auch einen leeren Kanister und Teile von Werkzeugen.
Zur Sicherheit gurtet er sich dabei an.
Vielleicht fühlt er sich so ringsherum von seinem Instrument umgeben?
Er selbst ist dabei der Mittelpunkt seiner Musik.

31

1 Stellt euch mit euren Instrumenten zusammen und baut ein eigenes Klangkunstwerk. Spielt zur Hintergrundmusik.

Maschinenmusik

R: Helmut Maschke • T: frei nach einem Gedicht von Bruno Schönlank

32/33

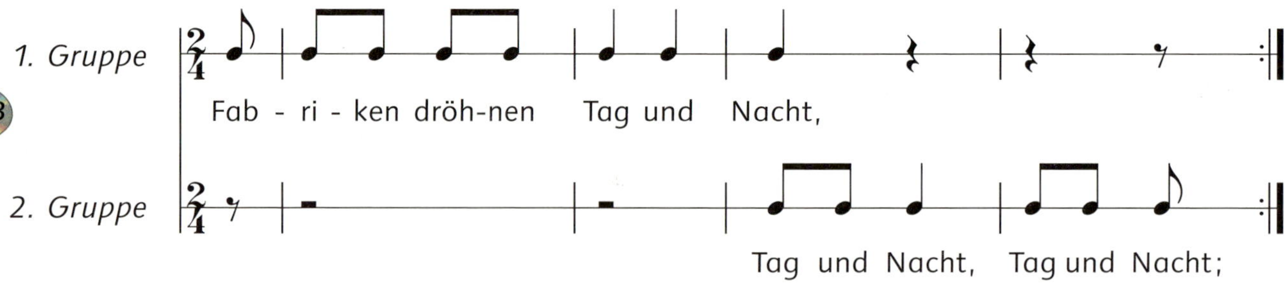

Maschinen lärmen Tag und Nacht,
Tag und Nacht, Tag und Nacht,
Zylinder stampfen Tag und Nacht,
Tag und Nacht, Tag und Nacht,
und Räder drehen Tag und Nacht,
Tag und Nacht, Tag und Nacht.

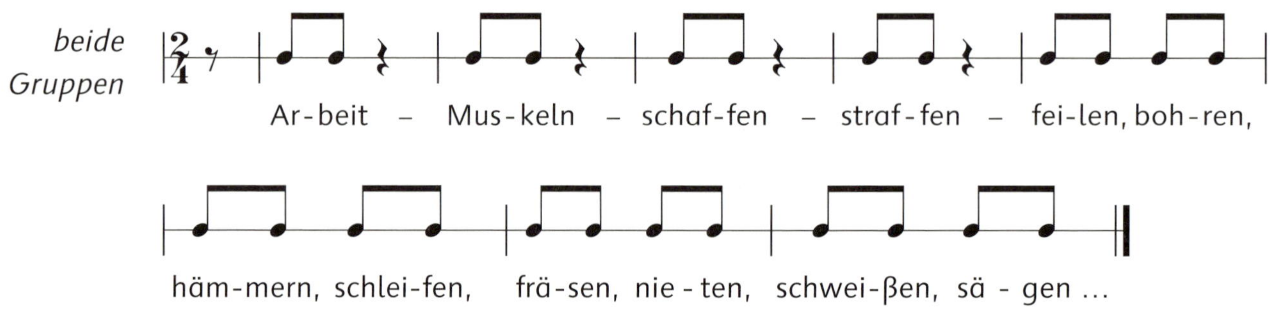

In diesem Stück gibt es viele gleich aufgebaute Takte.
Eine immer gleiche Bewegung in Musik und Tanz nennt man **ostinato** (= hartnäckig, beibehaltend).
Das **Tempo** (die Geschwindigkeit) der Musik ändert sich nicht.

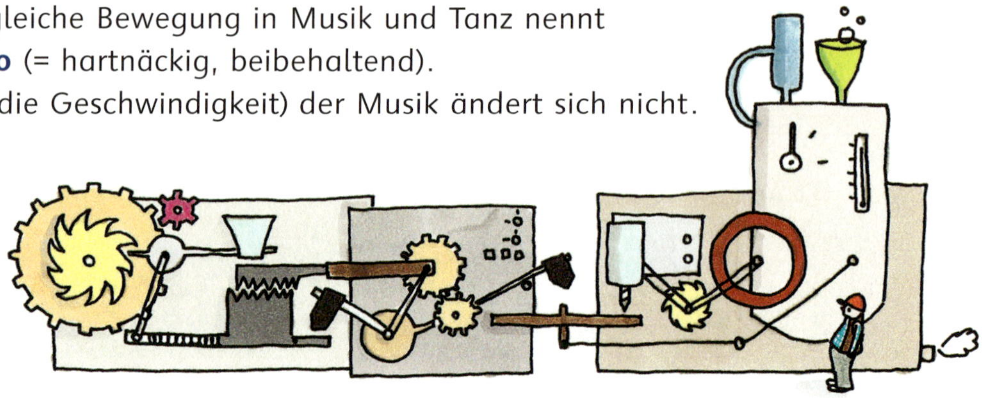

1 Geht zu mehreren zusammen. Baut gemeinsam eine Körpermaschine. Dabei solltet ihr euch an der Schulter, am Arm oder am Bein berühren. Jeder übernimmt einen Teil der Maschine, z. B. drehen, stampfen, hämmern …

2 Verwendet zusätzlich Reifen und Seile. Bewegt euch gleichmäßig und rhythmisch. Wiederholt immer die gleiche Bewegung.

3 Erfindet dazu Geräusche mit der Stimme: *zong-ft-ft-tock-tock*

bomm-tsch-tsch-rataka *klacker-di-zisch-chch*

zig-bumm-zig-bumm-pff *doing-ss-ss-dinn-dinn*

Jean Tinguely: Fatamorgana/Méta-Harmonie IV, 1985

Der Schweizer Künstler **Jean Tinguely** (1925–1991) baute große, witzige Maschinen. Das Material dafür suchte er auf Schrottplätzen oder in alten Fabriken zusammen. Die meisten seiner Maschinen bewegen sich, manche geben sogar Geräusche von sich oder machen Krach.
Aber sie arbeiten nichts.

Die Maschine „Fatamorgana" ist aus Metallrädern und leichten Holzrädern zusammengesetzt. Tinguely montierte zuerst die großen Räder, dann die kleinen und zum Schluss baute er Schlaginstrumente und eine Kuhglocke in die Maschine ein.

Für seine Maschinen machte Tinguely häufig einen Entwurf und plante genau, wie er die einzelnen Räderteile zusammensetzen musste.

1 Wozu könnte die Maschine „Fatamorgana" dienen?

2 Sammelt Gegenstände und baut eine kleine Maschine oder Figur.

Johannes Gutenberg – Eine Idee setzt sich durch

Heute besitzen die meisten Menschen in Deutschland Bücher und können lesen. Noch vor 600 Jahren war das anders. Lesen konnten nur sehr reiche Bürger, Adlige und Mönche oder Priester. Bücher waren sehr teuer. Das lag vor allem daran, dass jedes Buch von Hand abgeschrieben werden musste. Beim Abschreiben der Bücher wurden die ersten Buchstaben, oft auch die ersten Seiten kunstvoll gestaltet. Das war sehr viel Arbeit und dauerte lange. Außerdem passierte es den Schreibern immer wieder, dass sie einen Fehler machten. Entweder mussten sie dann neu anfangen oder das falsch geschriebene Wort durchstreichen.

Deshalb kamen die Menschen auf die Idee, eine ganze Seite auf einmal zu drucken. Dazu schnitzten sie den Text oder das Bild **spiegelverkehrt** auf eine **Holzplatte**. Mit dieser Holzplatte konnte man ungefähr 300 Seiten drucken. Dann war das Holz durch den großen Druck der Presse platt gedrückt. Man brauchte eine neue Platte. Bücher zu drucken dauerte aber immer noch lange und kostete immer noch viel Geld.

Vor ungefähr 550 Jahren lebte in Mainz der Goldschmied **Johannes Gutenberg.** Er hatte die Idee die **Druckplatte** aus einem härteren Material zu fertigen. Gold war zu teuer, Blei war zu weich. So experimentierte er mit verschiedenen **Legierungen**. So nennt man Mischungen aus unterschiedlichen Metallen. Die Druckplatten hielten jetzt länger, waren aber sehr teuer.

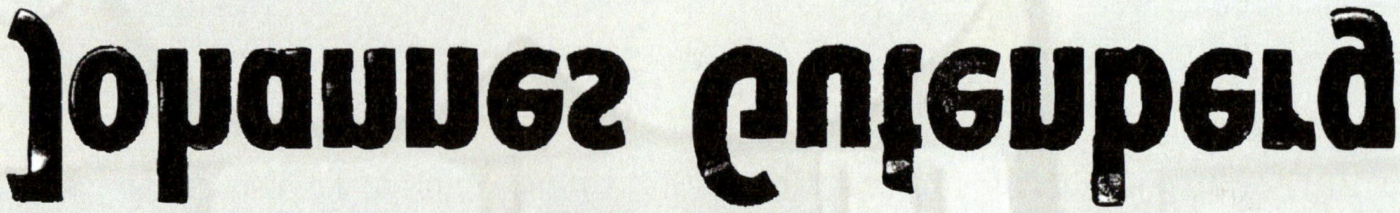

Gutenberg hatte eine neue Idee. Er fertigte nicht mehr die ganze Seite an, sondern einzelne Buchstaben. Diese konnte man immer wieder neu verwenden. Er erfand sogar ein **Handgießinstrument**, um die **Lettern**, so nennt man die einzelnen Buchstaben, herzustellen.

Handgießinstrument

Das erste Buch, von dem man sicher weiß, dass Gutenberg es gedruckt hat, ist eine Bibel. Das geschah um 1450. Vermutlich druckte Gutenberg 180 Bibeln. Einige davon sind bis heute erhalten geblieben.

Gutenberg-Bibel aus der Landesbibliothek Stuttgart

Für den Aufbau einer eigenen **Druckerei** brauchte Gutenberg Arbeiter, Materialien und Zeit. Das alles kostete ihn sehr viel Geld. Dieses Geld lieh er sich. Meistens konnte er seine Schulden nicht zurückzahlen. Besonders viel Geld lieh sich Gutenberg vom Kaufmann **Johann Fust**. Ihm versprach er seine Druckerei, wenn er die Schulden nicht zurückzahlen würde.
Kurz bevor die Druckerei die Arbeit aufnehmen konnte, verklagte Fust Gutenberg vor Gericht. Er wollte sein Geld zurückhaben und bekam Recht. Gutenberg musste seine Druckerei an Fust abgeben. Dieser begann mit dem Buchdruck und verdiente viel Geld damit.

Gutenberg war durch die Ereignisse so traurig, dass er sich in ein Kloster zurückzog.
Nachdem ihm der reiche Mainzer Bürger **Dr. Konrad Humery** eine kleine Druckerei eingerichtet hatte, begann er wieder mit der Arbeit. Mit dem großen Unternehmen des Johann Fust konnte diese aber nicht mithalten.
Der Kurfürst **Adolf von Nassau** ernannte Gutenberg 1465 zu seinem **Hofmann**.
Das bedeutete, dass Gutenberg von allen Steuern befreit war und außerdem noch Wein, Korn und Kleidung bekam.
Das war ein großes Glück für Gutenberg, denn er erblindete langsam und konnte nicht mehr drucken. Am 3. Februar 1468 starb Johannes Gutenberg in Mainz.

Nachbildung der Druckpresse aus dem Jahr 1450

1 Wo und wie oft begegnet dir Gutenbergs Erfindung an einem Tag?

Johann Sebastian Bach

Bachs Geburtshaus in Eisenach

Instrumente zur Zeit J. S. Bachs

Die Welt des kleinen **Johann Sebastian Bach** (1685–1750) war voller Musik. Seine Eltern starben schon, als er zehn Jahre alt war. Deshalb wuchs er bei seinem ältesten Bruder Johann Christoph auf, der sehr gut Orgel spielen konnte. Zu jener Zeit, um 1695, war es üblich, Notenblätter mit der Hand abzuschreiben. Da Johann Sebastian begierig darauf war, Noten und Musikstücke zu verstehen, schrieb er nachts heimlich Noten aus einem dicken Buch ab, um sie dann tagsüber zu spielen. Sein großer Bruder hatte ihm das verboten, weil er noch so klein war. Als Johann Sebastian dabei erwischt wurde, wurden die Noten in einem Schrank verschlossen.
Bald darauf erhielt Johann Sebastian eine musikalische Ausbildung und arbeitete in vielen deutschen Städten. Er wurde ein sehr bedeutender Musiker und Komponist. Bis heute werden seine Werke aus seiner Zeit (man sagt auch: der Barockzeit) häufig aufgeführt.

In Bachs Werken wechseln sich oft Instrumentengruppen (**tutti** = alle) mit einzeln spielenden Instrumenten (**solo** = allein) ab. Zum Beispiel spielen im 3. Satz des Violinkonzertes in E-Dur im Teil A mehrere Geigen und im Teil B eine Sologeige. Beide Teile werden mehrmals wiederholt.

34

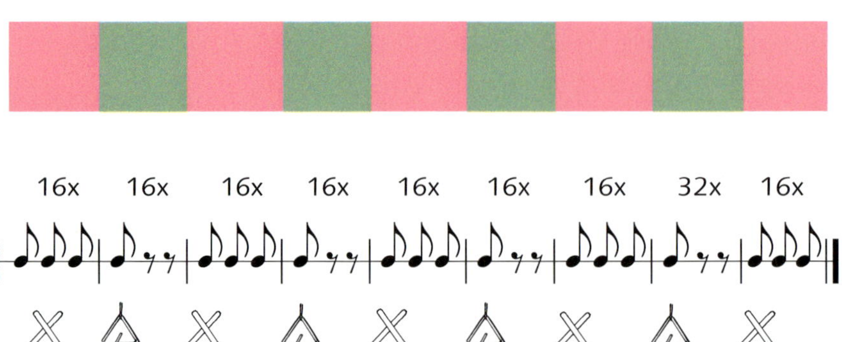

tutti

solo

1 Spielt mit Triangel und Klanghölzern zum Stück mit.

Rund um Erfindungen

MOOSGUMMILETTERN

1. Überlege, welche Buchstaben du brauchst.
2. Zeichne diese auf Moosgummi auf. Schneide sie anschließend aus.

3. Damit du mehr Druck ausüben kannst, klebe die Buchstaben auf Holzklötzchen. Achtung: Sie müssen spiegelverkehrt aufgeklebt werden.

4. Bestreiche die Buchstaben mit Wasserfarbe.
5. Jetzt kannst du drucken.

ERFINDUNGEN

Hast du eine Idee, was du erfinden könntest? Wie wäre es mit einer Eiertransportmaschine, die ein rohes Ei vom ersten Stock ins Erdgeschoss transportiert?

REGENMACHER

Ihr braucht:
- eine Papprøhre von mindestens 40 cm Länge und Deckel
- 70–100 Nägel mit flachem Kopf, etwas kürzer als der Durchmesser der Röhre
- Hammer, Paketklebeband
- Füllmaterial (z. B. kleine Steinchen, getrocknete Hülsenfrüchte)
- Dekorationsmaterial: Plakafarben, Stoffe, Wolle

So wird der Regenmacher hergestellt:

1. Mit dem Filzstift eine Spirale auf die Röhre zeichnen oder die schon vorhandene Fuge nachzeichnen.
2. Auf dieser Linie die Nägel im Abstand von ca. 2 cm einschlagen.
3. Die untere Seite der Röhre mit einem Deckel und Paketklebeband verschließen.
4. Von der oberen Seite her das Füllmaterial eingeben. Danach die obere Seite genau wie die untere verschließen.
5. Verzierung anbringen (z. B. mit indianischen Mustern bemalen, mit Stofffetzen bekleben, mit geknüpften oder geflochtenen Wollbändchen behängen).

Wie wir leben

In der Mediothek

In einer **Mediothek** gibt es viele **Medien**: verschiedene Bücher, Zeitschriften, CDs, DVDs, Spiele, Videos und Kassetten. Jedes **Medium** hat ein Zeichen. Das ist die **Signatur**. Sie gibt an, wo man das Medium findet. Mit einem **Ausweis** kann man Medien ausleihen.

Jede Mediothek stellt Regeln auf. Sie geben Auskunft über Leihfristen, Mahngebühren und Jahresbeiträge.

Leihfristen

Bücher: 4 Wochen
CD-ROM, Kinder- und Jugendkassetten:
4 Wochen, maximal 5 Stück

Verlängerungen:
ab Rückgabedatum
um weitere 4 Wochen möglich

Jahresbeiträge:
- Kinder bis 14 Jahre: frei
- Schüler, Studenten: 10 Euro
- Erwachsene: 20 Euro

Leihfristüberschreitungen:
- Ab 1 Tag: 1 Euro je Medium
- Ab 5 Tagen: 2 Euro je Medium
- Ab 10 Tagen: 4 Euro je Medium

Jeder deutsche Haushalt hat im Schnitt 250 Bücher.

1 Wie sind die Medien in der Mediothek geordnet?

2 Welche Regeln gelten in einer Mediothek/Bücherei in deiner Nähe?

Bei der Suche nach einem Medium hilft der Computer. Man kann mit seiner Hilfe **recherchieren**: den Namen eines Autors, einen Titel oder ein Stichwort eingeben. Eine **Bibliothekarin** kann dabei helfen. Sie arbeitet in einer Mediothek.

1. Man gibt ein **Stichwort** ein: Griechenland.
2. Man drückt auf „suchen".
3. Der Computer zeigt die vorhanden Medien an.
4. Man notiert sich die Signaturen.
5. Man sucht den **Standort** der Medien.

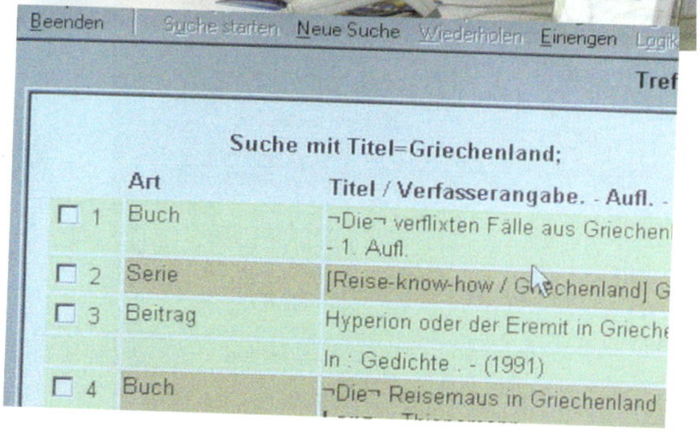

Folgende Medien kann man in dieser Mediothek zum Thema Griechenland finden:

1 Benennt die Medien. Was kann man durch sie über Griechenland erfahren?

Sich in Büchern informieren

Ein Sachbuch informiert über ein bestimmtes Thema.
Dieses Sachbuch informiert über Griechenland.

Auf dem **Einband** oder der ersten Seite stehen der **Titel** und der Name des **Autors**.

Im **Inhaltsverzeichnis** steht, wie die **Kapitel** heißen und auf welcher Seite sie beginnen.

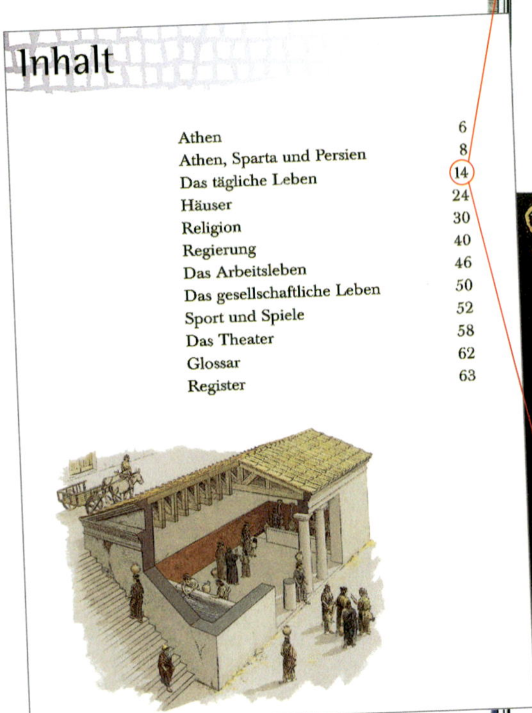

Inhalt

Athen 6
Athen, Sparta und Persien 8
Das tägliche Leben 14
Häuser 24
Religion 30
Regierung 40
Das Arbeitsleben 46
Das gesellschaftliche Leben 50
Sport und Spiele 52
Das Theater 58
Glossar 62
Register 63

Das tägliche Leben

Das Leben in Athen war für Männer und Frauen, Reiche und Arme, freie Bürger und Sklaven sehr unterschiedlich. Nur reiche athenische Männer kamen wirklich in den Genuss der Freiheit und des kulturellen Lebens, das die Stadt zu bieten hatte. Frauen mussten fast all ihre Zeit der Führung des Haushalts und der Versorgung der Kinder widmen, und Sklaven hatten überhaupt keine Freiheit – sie unterstanden dem Befehl ihrer Herren.

▲ Ein in Athen gefundener Spielzeugkarren. Er ist aus Terrakotta (gebranntem, unglasiertem Ton) gefertigt.

Neugeborene

Athener hatten keine großen Familien. Jungen galten mehr als Mädchen. Mädchen waren außerdem dadurch benachteiligt, dass sie eine Mitgift (einen an die Familie des Bräutigams zu zahlenden Geldbetrag) brauchten, wenn sie heirateten. Ungewollte Babies wurden einfach ausgesetzt: Dies galt nicht als Verbrechen. Manchmal rettete ein Ehepaar, das selbst keine Kinder haben konnte, ein ungewolltes Neugeborenes.

Wurde ein Kind geboren, verkündete sein Vat… die Geburt, indem er einen Olivenzweig neber… Vordereingang seines Hauses hängte. Etwa zeh… Tage nach der Geburt fand ein Festmahl statt, u… die Familie machte dem Neugeborenen Gesch… Arme Frauen mussten ihre Kinder selbst aufzie… aber viele Mütter besaßen eine Sklavin, die ihr… dabei half.

◀ Diese Vasenmalerei zeigt eine Mutter mit ihre… Das Baby sitzt in einem Hochstuhl. Ein solcher H… wurde von Archäologen auf dem Marktplatz von … ausgegraben.

▼ Ein Babyfläschchen. Es ist aus schwarz glasiertem Terrakotta gefertigt.

14

Manchmal gibt es auch ein **Register** oder **Stichwortverzeichnis**. Es ist nach dem ABC geordnet. Man kann schnell herausfinden, auf welcher Seite etwas über ein bestimmtes Thema, zum Beispiel Tempel, steht.

Register

Olympische Spiele 38
omphalos 30
Opfer 22, 23, 32, 51, 58
Orestes 55, 58
Ostrakismos 45
Ostrakon 45

R
Recht und Ordnung 41, 44-45
Religion 30-39, 45
Ringkampf 16, 52, 53, 54
Rüstung 17, 18

Stoffe 18-20

T
Tanz 50, 56, 58
Terrakotta 14, 27, 62
Tempel 6, 30-31, 32-37, 58
Theater 58-61
Themistokles 9, 45

Glossar

Agora: Die große, offene Fläche, die der wichtigste Marktplatz in Athen war.

Akropolis: Hoch gelegener Burgberg im Zentrum Athens, wo die meisten Tempel errichtet wurden.

Im **Glossar** werden Fachbegriffe erklärt.

Kinderspiele

Bis zum siebten Lebensjahr wurden Jungen und Mädchen gemeinsam zu Hause aufgezogen. Sie spielten mit Puppen und Bällen und hatten vielleicht auch kleine Karren, in denen sie gezogen werden konnten. Mütter erzählten ihren Kindern Geschichten und Reime – sie kannten beispielsweise die Fabeln des Äsop, Geschichten über Tiere, die wir noch heute lesen. Mit etwa 7 Jahren begannen Mädchen, im Haushalt zu helfen. Jungen wurden in die Schule geschickt.

▲ Vasenmalerei mit einem athenischen Knaben beim Reifenrollen.

Schule

Alle Jungen mit Ausnahme der Ärmsten gingen mit etwa 7 Jahren in die Schule. Sie wurden einem Sklaven, dem *paidotribes,* in die Obhut gegeben, der sie in die Schule brachte und von dort auch wieder abholte, ihre Schularbeiten beaufsichtigte und dafür sorgte, dass sie sich gut benahmen. Der Unterricht wurde im Haus des Lehrers erteilt. Jungen lernten lesen, schreiben und rechnen. Geschichte lernten sie von griechischen Dichtern. Und wenn sie älter waren, lernten sie singen und Leier oder Flöte spielen.

▼ Zwei Knaben beim Schulunterricht. Einer lernt das Leierspielen, der andere liest den Text von einer Schriftrolle ab (Vasenmalerei).

15

Die alten
GRIECHEN

Im 5. Jahrhundert v. Chr. lebten in Athen viele der größten Künstler und Denker der Geschichte. Die Schiffe Athens beherrschten das Mittelmeer, und seine Feldherren hatten das mächtige persische Heer besiegt. Doch wie sah die Stadt aus, und was machte sie so besonders? Peter Connolly gelingt es, in seinem Buch Die alten Griechen das Athen jener Zeit zu rekonstruieren. In Bild und Text kann der junge Leser miterleben, wie es auf einer athenischen Galeere in der Schlacht bei Salamis zuging, wie der Philosoph Sokrates im Gefängnis starb oder wann die Mädchen Athens ihr Spielzeug verbrannten.

Als weiterer Titel:

Die alten RÖMER

Auf dem hinteren Einband steht oft ein **Klappentext**. Das ist eine kurze Beschreibung des Buches.

1 Suche in einem Buch: Autor, Titel, Inhaltsverzeichnis, Stichwortverzeichnis, Glossar und Klappentext.

2 Finde den Unterschied zwischen einem Sachbuch und einem Lexikon heraus.

Musik in Griechenland

Auf dieser CD kann man Musik aus Griechenland hören. Sie wird auf einheimischen Instrumenten gespielt.

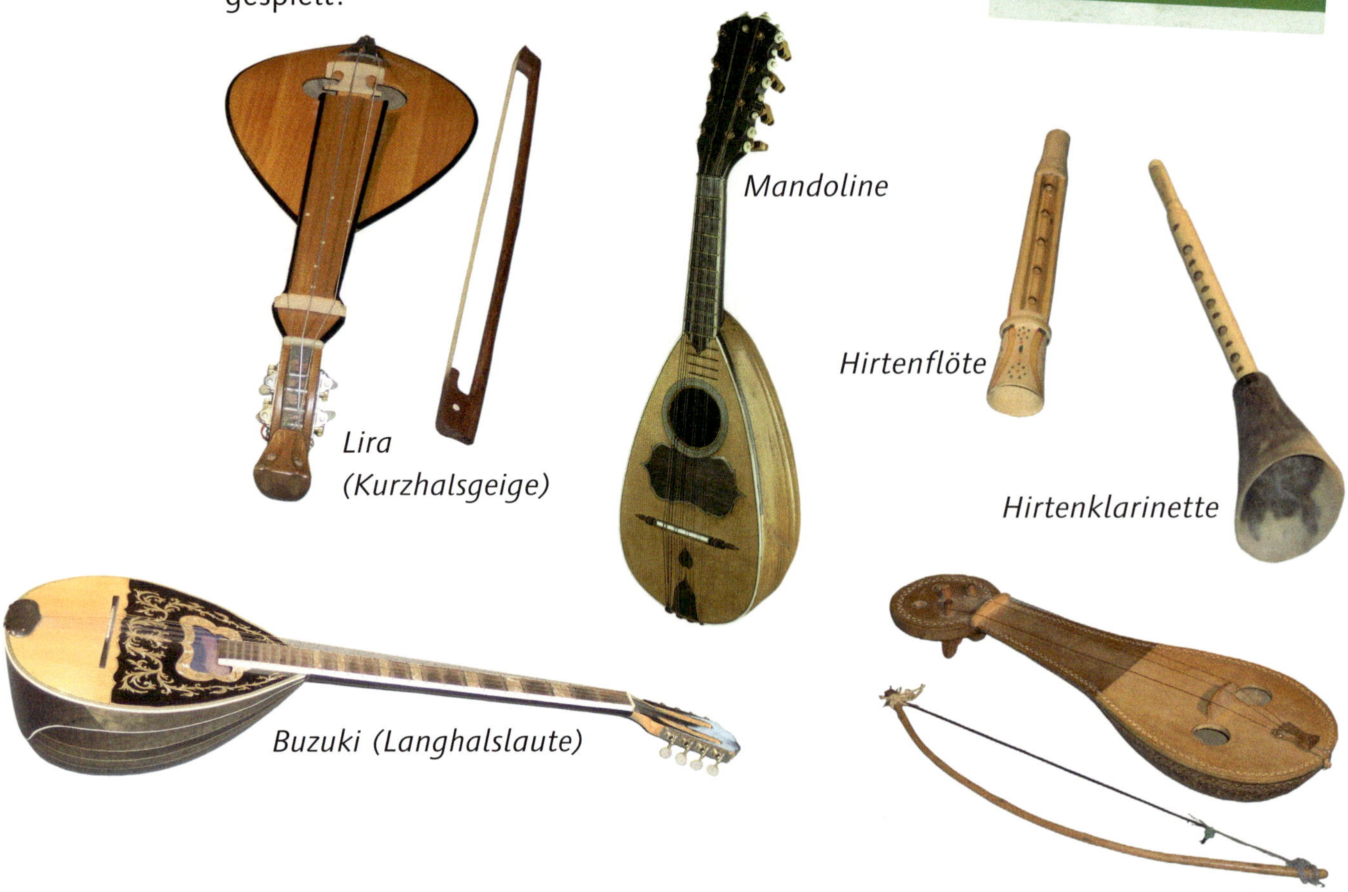

35

Grundschlag:

1 Spielt mit Instrumenten Rhythmen, die zur Musik passen. Dabei könnt ihr euch ganz auf das Gehör verlassen.

In diesem Liederbuch kann man viele Lieder aus Griechenland finden. Sie sind auch in griechischer Schrift gesetzt.

Siko, chorepse sirtaki

M: J. Zambetas • T: A. Sakellarios
deutscher Text: Klaus Eckhardt

deutscher Text:
Steh auf und tanz den Sirtaki zu der tollen Buzuki.
Tanz ihn wie ein altes Schlitzohr, bis die ganze Gegend dröhnt.

In Griechenland erhalten Kinder in der Schule Unterricht im Volkstanz.

Sirtaki kommt von dem griechischen Begriff „syrtos“: Rundtanz. Er beginnt ganz langsam und wird immer schneller. Sirtaki wird in Ketten- oder Kreisform getanzt. In Griechenland kann man den Tanz und seine Musik häufig in den Gassen und auf öffentlichen Plätzen hören und sehen.

Takt 1	linker Fuß – Schritt nach links, rechts nachstellen
Takt 2	rechter Fuß – Schritt rechts, links nachstellen
Takt 3	linker Fuß – Schritt nach links, rechts nachstellen
Takt 4	rechter Fuß – Schritt rechts, links nachstellen
Takt 5	Schritt vor
Takt 6	zweimal stampfen
Takt 7	rechter Fuß – über linken Fuß steigen
Takt 8	linker Fuß – Schritt nach links, rechter Fuß steigt über
Takt 9	linker Fuß – Schritt nach links und stehen

Ein Reiseführer informiert über die Kunst

Das bedeutendste Gebäude im antiken Griechenland war der **Tempel**. Ein Tempel war früher für die Menschen so etwas wie für uns heute die Kirche. Die Menschen glaubten an Götter und der Tempel war der heilige Ort, an dem sie die Götter feierten. Perikles, ein großer Feldherr, machte Athen vor rund 7000 Jahren zur mächtigsten griechischen Stadt. Auf dem Berg Akropolis in Athen ließ er einen großen Tempel errichten, den Parthenontempel.

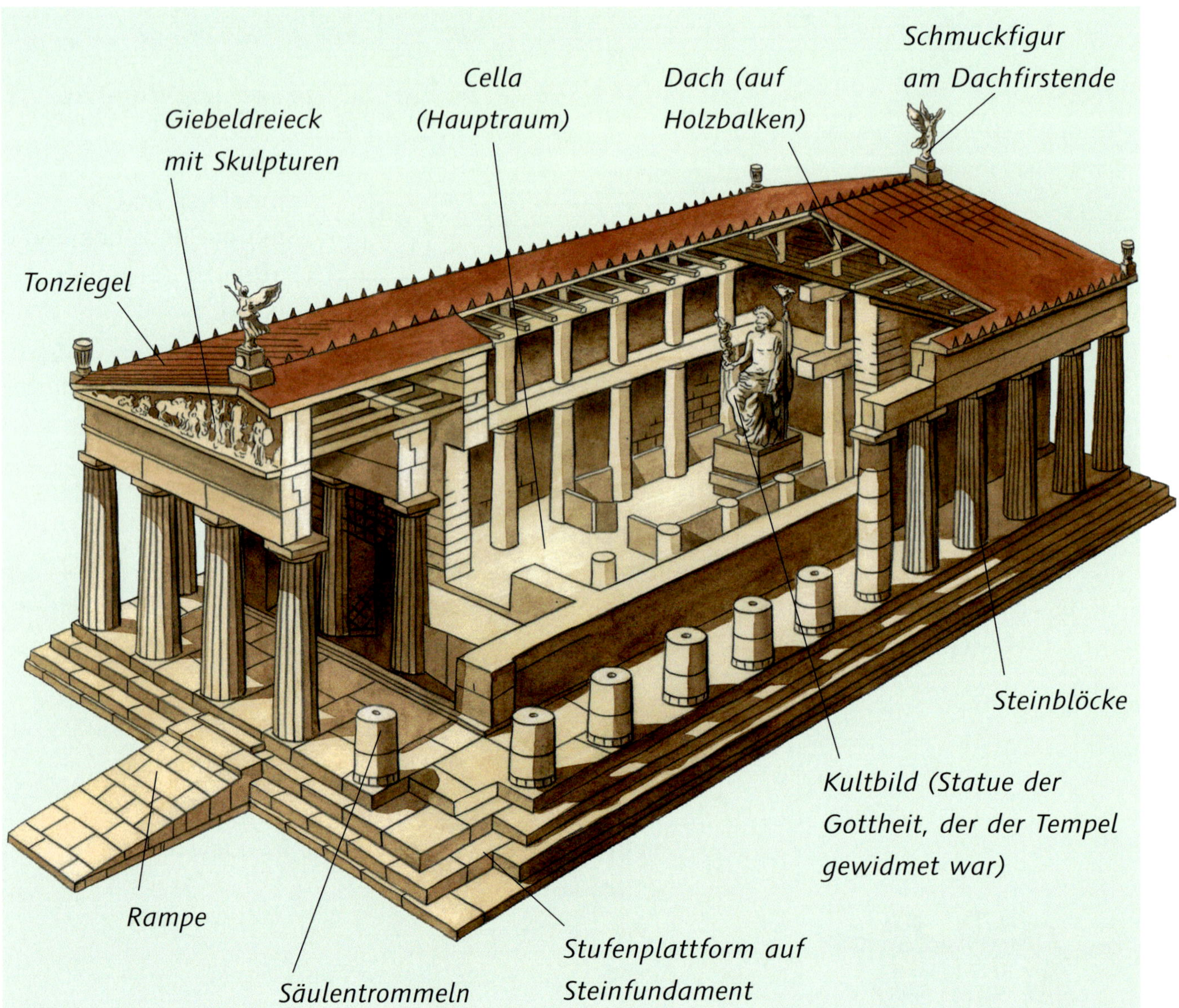

1 Besorge dir einen Reiseführer und informiere dich über weitere Sehenswürdigkeiten.

Im Internet recherchieren

Auch im **Internet** kann man sich viele Informationen zu einem Thema beschaffen. Dabei können **Suchmaschinen** helfen. Die **Internetadresse** einer bekannten Suchmaschine heißt: www.blinde-kuh.de.

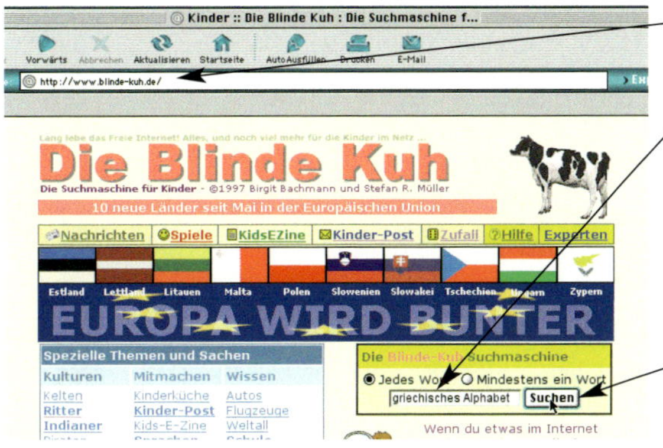

Hier gibt man die Internetadresse ein.

Im **Eingabefeld** gibt man einen **Suchbegriff** ein. Er sollte möglichst genau sein, zum Beispiel „griechisches Alphabet".

Danach klickt man auf Suchen.

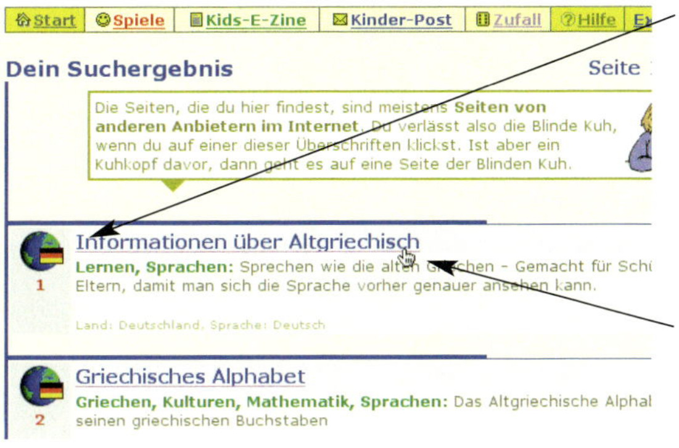

Schon nach kurzer Zeit erhält man Suchergebnisse. Sie heißen **Links**. Jeder Link enthält Informationen zum eingegebenen Suchbegriff.
Den unterstrichenen Teil eines Links kann man anklicken. Dabei erscheint die Hand als Zeichen.

Durch das Anklicken wird man auf die gewünschte Internetseite weitergeleitet. Über einen der Links erhält man folgende Informationen:

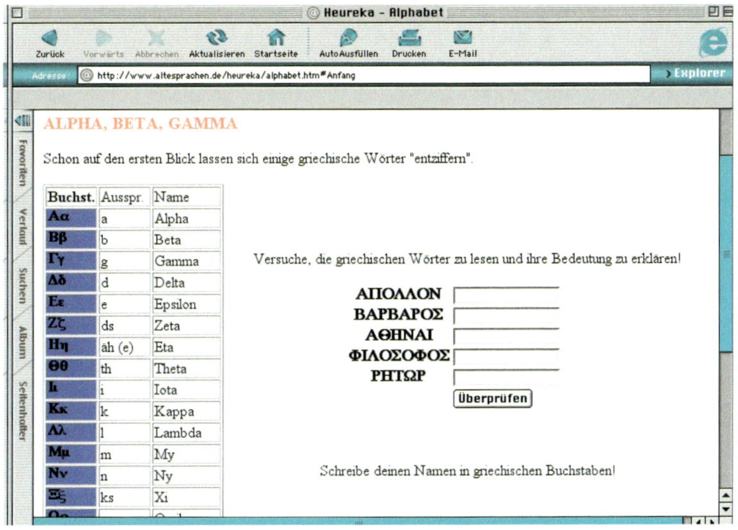

1 Sucht im Internet nach weiteren Informationen über Griechenland.

2 Informiert euch über Adressen von weiteren Suchmaschinen.

Kinder in Athen

Man kann sich auch Informationen beschaffen, indem man Menschen befragt.

Alexandra und Stephanie besuchen die Deutsche Schule in Athen. In Briefen berichten sie über ihr Leben dort.

Hallo, ich heiße Alexandra und bin 9 Jahre alt.
Meine Schwester Vera ist 7 Jahre alt.
Wir leben in Athen, weil unsere Eltern hier als Archäologen arbeiten.
Morgens und mittags müssen wir eine Stunde mit dem Schulbus fahren. Häufig stehen wir im Stau und kommen deshalb zu spät. Der Unterricht ist auf Deutsch, aber wir haben auch drei Stunden Griechisch in der Woche. Ich kann ganz gut Griechisch sprechen, aber das Schreiben ist schon schwer, weil die Schrift anders ist.
Wir wohnen mitten im Stadtzentrum. Hier gibt es viele große Straßen und Plätze, die Tag und Nacht voller Verkehr sind. Die meisten Häuser haben keine Gärten und es gibt nur wenige Parks und Spielplätze. Deshalb fahren wir an den Wochenenden ganz oft ans Meer oder in die Berge in der Nähe von Athen.
Weil es hier im Sommer sehr heiß wird, haben wir zehn Wochen lang Sommerferien, dafür aber im Frühling und Herbst keine Ferien. Ich freue mich immer besonders auf den Sommer, weil wir dann fast jeden Tag zum Baden ans Meer fahren. Sehr gut gefällt es mir auch, wenn wir nach Deutschland fahren, um die Familien zu besuchen. Schade finde ich, dass es in Athen im Winter fast nie schneit.

Alexandra Scheunert
GR 10683 Athen

Hallo, ich heiße Steffi. Athen ist sehr groß und staubig. Es gibt aber keine Wolkenkratzer. Traurig ist, dass manche Leute auf der Straße betteln müssen.
Ich gehe in die dritte Klasse und habe jeden Tag sechs Stunden Unterricht. Bei mir in der Klasse sind nur 15 Kinder.
Nach der Schule werde ich von meiner Mutter abgeholt. Verabreden kann ich mich nur mit Freundinnen, die in meiner Nähe wohnen.
Viele Dinge kann ich nicht machen, weil sie zu gefährlich sind. So kann ich nicht Fahrrad fahren oder auf der Straße spielen. Die Autofahrer sehen uns Kinder nicht. Jeder fährt, wie er will.
Besonders gut gefallen mir an Griechenland das schöne Wetter, das Meer und die langen Sommerferien. Dann fliege ich nach Deutschland und besuche meine Freunde.

Stephanie Schwärzler,
Klasse 3A

1 Wen könntest du zu einem Land befragen?

2 Überlege dir Fragen für ein Interview.

Rund um Medien und Griechenland

EIN BUCH ÜBER EIN LAND

- Wählt ein Land aus, über das ihr euch informieren wollt. Legt fest, worüber ihr etwas wissen wollt: Flagge, Essen, Schule, Geschichte, Musik, Kunst, Tourismus …
- Sucht nach Medien, aus denen ihr die gewünschten Informationen entnehmen könnt. Denkt auch an Interviews.
- Legt fest, wie viele Seiten ihr für ein Kapitel braucht. Gestaltet die Seiten mit Texten, Bildern, Rezepten und Zeichnungen.
- Erstellt ein Inhaltsverzeichnis. Schreibt einen Klappentext.
- Gestaltet einen Einband. Heftet alle Seiten zu einem Buch zusammen.
- Stellt euer Ergebnis der Klasse vor.

TSATSIKI – EINE GRIECHISCHE SPEISE

- 250 g Quark und 250 g Joghurt vermischen.
- Eine Gurke schälen, klein schneiden und mit Salz bestreuen. Nach 20 Minuten die Gurkenstücken ausdrücken.
- Drei Knoblauchzehen schälen und mit einer Knoblauchpresse zerdrücken.
- Gurkenstücke und Knoblauch in die Quark-Sahne-Mischung geben.
- Etwas Salz, Pfeffer und zwei Esslöffel Olivenöl dazugeben. Alles gut vermischen und etwa eine Stunde im Kühlschrank kalt stellen.

Dazu schmeckt besonders gut Pitta (Fladenbrot).

WIR TÖPFERN WIE DIE GRIECHEN

Rolle gleichmäßig dicke Wülste. Setze den Wulst auf den Gefäßboden und drücke ihn fest an.

Die Tonwülste werden aufeinander gelegt. Den Ton gut verstreichen.

Innen und außen den Ton gut verstreichen.

Ein aufgeblasener Luftballon stützt das noch weiche Gefäß. Muster in den weichen Ton einritzen.

Die Griechen haben ihre Tongefäße reich verziert.

Zeiten und Räume

Ein Museum – zwei Bauten

In diesem Museum sind viele Bilder und Objekte von Künstlern ausgestellt. Das Museum in Stuttgart wird Staatsgalerie genannt. Es gibt eine Alte und eine Neue Staatsgalerie. Die **Alte Staatsgalerie** hat der Architekt **Georg Gottlob von Barth** im Jahr 1843 gebaut.

Das Gebäude ist ganz **symmetrisch**. Das heißt, jede Seite sieht gleich aus. Der Eingang liegt genau in der Mitte. Der Besucher geht zwischen Säulen in das Gebäude hinein.

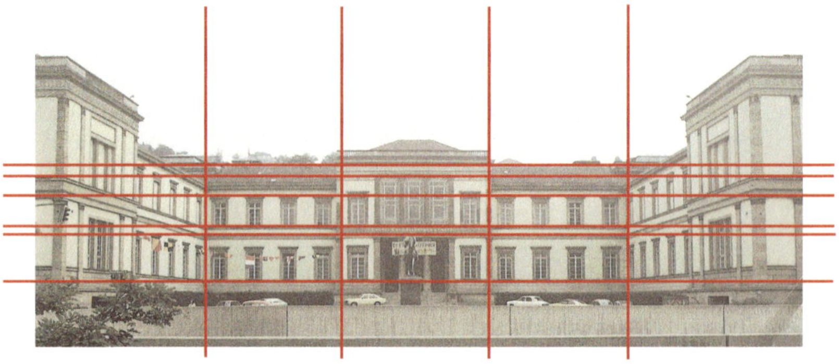

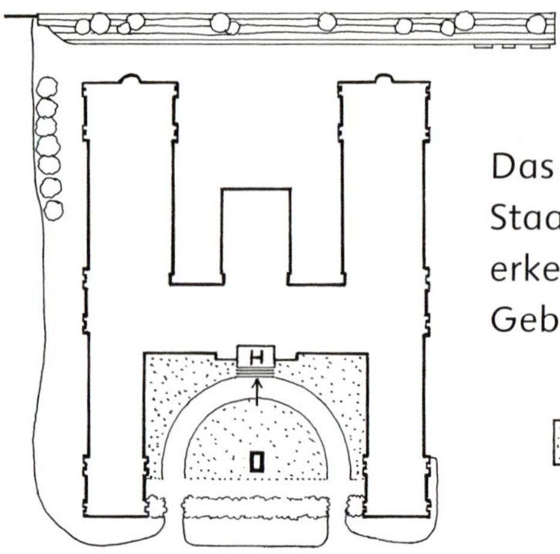

Das ist der **Grundriss** der Alten Staatsgalerie. Darauf kannst du erkennen, wie regelmäßig das Gebäude gebaut ist.

Rasen

H ↑ Haupteingang

1 Suche auf dem Stadtplan von Stuttgart die Alte Staatsgalerie.

Ungefähr 150 Jahre später wurde das Museum erweitert. Der schottische Architekt **James Stirling** baute 1984 die **Neue Staatsgalerie** an die Alte Staatsgalerie an.

James Stirling hatte Freude an Farben und unterschiedlichen Materialien. Er spielte mit Licht und Schatten. Die große Fensterfläche in der Empfangshalle ist geschwungen und geneigt.

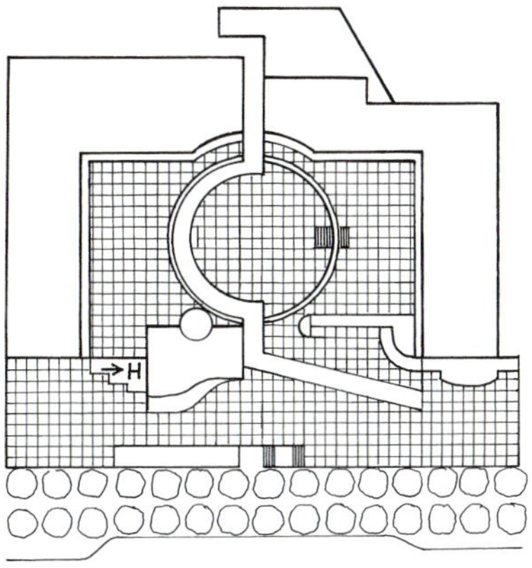

Dies ist der Grundriss der Neuen Staatsgalerie.

▦ Steinplatten

H ↑ Haupteingang

1 Informiert euch, welche Materialien der Architekt an seinem Bau verwendet hat.

2 Vergleiche die beiden Museumsbauten.

3 Baue ein Haus aus unterschiedlichen Materialien und in verschiedenen Farben.

Musik aus verschiedenen Zeiten

37
38

Auch in der Musik wurde in verschiedenen Zeiten unterschiedlich „gebaut":
Ludwig van Beethoven (1770–1827) hat um 1806 ein Violinkonzert komponiert, das völlig anders klingt als ein Violinstück von **Anton Webern** (1883–1945) zu Beginn des 20. Jahrhunderts. Die Musik von Beethoven besteht aus klaren Abschnitten und läuft gleichmäßig. Teile werden wiederholt.
In Weberns Stück wechseln langsame und schnelle Teile unregelmäßig ab.
Auch der Einsatz des Instruments ist verschieden:
Bei Beethoven wird die Violine gestrichen, bei Webern hört sie sich gezupft und verfremdet an.

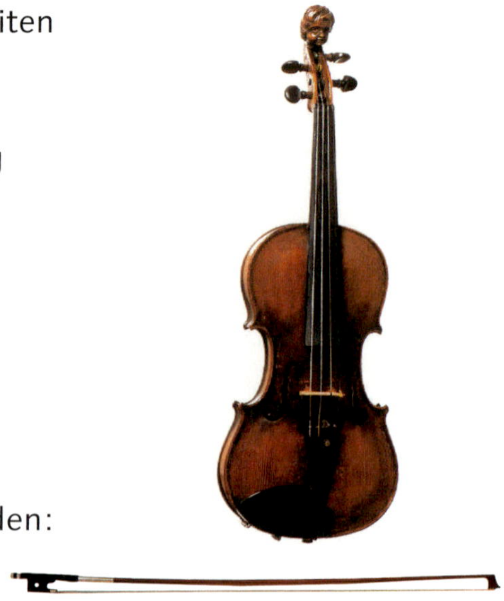

Geige (Violine)

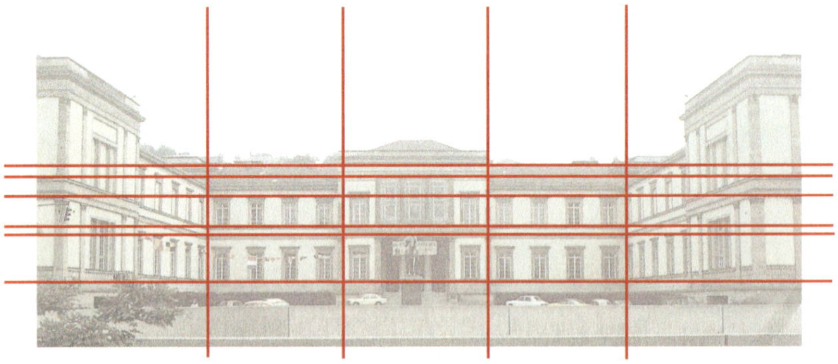

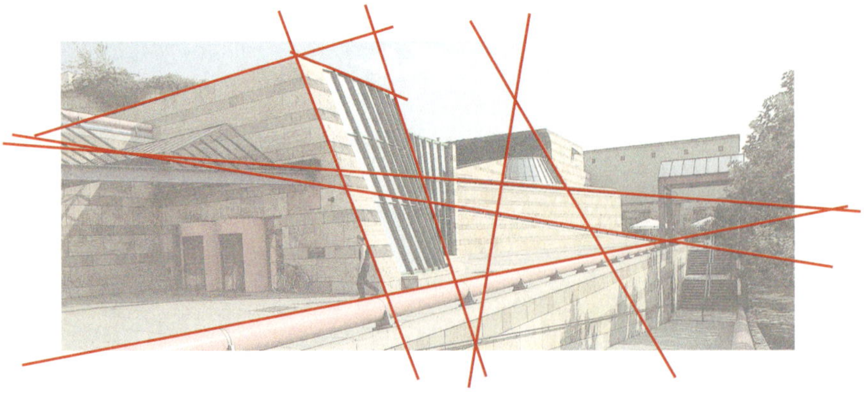

1 Vergleicht die Linien in den Abbildungen. Nehmt Stabspiele zur Hand. Wie klingt eure Musik zu den beiden Gebäuden?

2 Hört die beiden Musikausschnitte und ordnet die Adjektive zu:
überraschend • still • feierlich • beschwingt • zackig • harmonisch

Töne in verschiedener Höhe

Lieder, die wir singen, bestehen aus hohen und tiefen Tönen. Die Melodie läuft nach unten und nach oben. So schreiben wir auch Musik auf: Je weiter oben auf den **Notenlinien** ein Ton notiert ist, desto höher klingt er. Das kann man auch mitzeigen:

Noten und Notenlinien sind für alle Musiker gleich und werden überall auf der Welt verstanden.

39

Alt wie ein Baum

T: Burkhard Lasch • M: Birr/Jeske/Meyer/Hertrampf

2. Alt wie ein Baum möchte ich werden
mit Wurzeln, die nie ein Sturm bezwingt,
alt wie ein Baum, der all die Jahre
so weit, weit, weit, weit
kühlende Schatten bringt.

1 Zeigt beim Singen die Tonhöhe mit eurer Hand an.

Henri Matisse: *Petit intérieur bleu (Kleines Interieur in Blau)*, 1947

Der französische Künstler **Henri Matisse** (1869–1954) malte häufig Zimmer mit Ausblick durch ein Fenster. Seine Innenräume haben immer eine besondere Farbe, einmal sind sie rot, einmal blau, gelb oder grün. Der Tisch und der Sessel auf diesem Bild sind Möbel, die bei Matisse im Atelier standen.

Henri Matisse: *Intérieur rouge*, 1947

Das rote Zimmer malte Henri Matisse im selben Jahr. Er malte die Dinge nicht, wie sie sind, sondern wie er sie sich vorstellte.
So hat der große Tisch genau dieselbe Farbe wie die Wand und der Boden.

1 Schau dir die Bilder von Henri Matisse genau an. Achte auf die Farben, Formen und die Gegenstände.

2 Male dein Zimmer oder ein Zimmer, in dem du dich gerne aufhältst. Welche Farbe gibst du diesem Zimmer?

Pieter de Hooch: Die Mutter, um 1670

Hier darfst du einen Blick in die Wohnstube zu dieser Frau und ihren Kindern werfen. Der holländische Maler **Pieter de Hooch** (1629–1684) malte Wohnstuben, in denen Menschen einer ruhigen häuslichen Arbeit nachgehen, wie zum Beispiel Briefe schreiben oder lesen oder mit Kindern spielen. Durch das hohe Fenster fällt sanftes Licht und erhellt den Raum. Für seine Ölbilder benutzte der Maler feine Pinsel und malte sehr sorgfältig. Das nahm viel Zeit in Anspruch. Es gibt viele holländische Maler, die zu dieser Zeit Räume oder Wohnstuben malten und darauf bedacht waren, so genau wie möglich zu malen. Diese Malweise nennt man **Feinmalerei**.

1 Vergleiche die Bilder von Pieter de Hooch und von Henri Matisse. Was fällt dir auf dem holländischen Bild auf? Was fällt dir auf dem französischen Bild auf?

2 Welches Bild erscheint älter?

Wir reiten geschwinde

M und T: überliefert

Dieses Lied steht im $\frac{6}{8}$-Takt. Dieser Takt ist besonders schwungvoll. Er hat sechs Grundschläge.

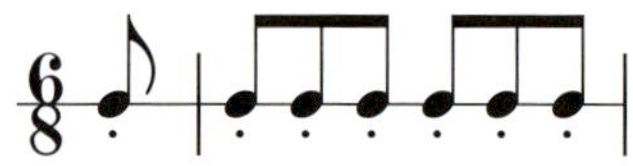

1 Unterstützt den Rhythmus des Liedtextes, indem ihr auf eure Oberschenkel patscht. Achtet dabei auf den $\frac{6}{8}$-Takt.

2 Sprecht das Lied deutlich, dann klingt es interessant:

Stock und Stein wir geben dem Rosse die Zügel

Ein besonderer Takt

Zu Lebzeiten von **Robert Schumann** (1810–1856) gab es noch keine Autos. Ein wichtiges Fortbewegungsmittel waren Pferde.
Robert Schumann hat für Kinder das Stück „Wilder Reiter" geschrieben. Die Finger müssen dabei sehr flink und beweglich sein.
Der ungestüme Eindruck des Reitens entsteht durch die Achtelnoten im **Staccato**.
Das ist italienisch und bedeutet „getrennt vom nächsten Ton".
Die Staccato-Note hat einen Punkt: 

In jedem Takt sind sechs kurze Achtelnoten zu hören:

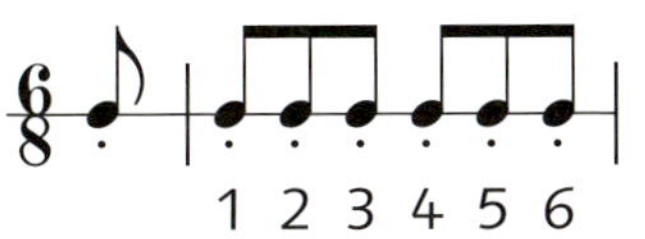

Die Begleitung unterstützt den galoppierenden Rhythmus:

Das Stück lässt sich in 2 Abschnitte gliedern:

A

B

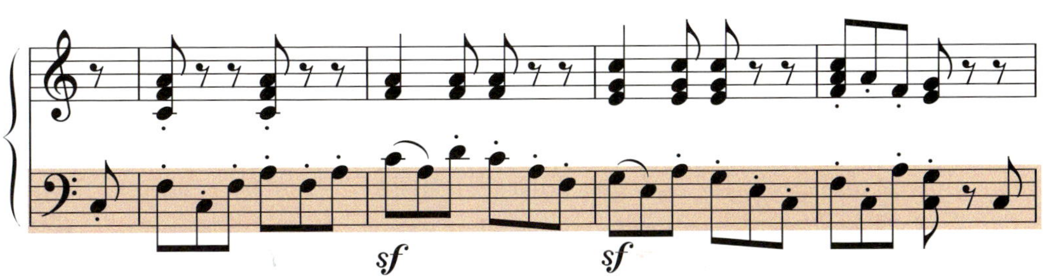

1 Siehst und hörst du den Unterschied?

2 Wie oft hörst du die Teile?

3 Bewegt euch zu den Teilen des Klavierstückes.
Jede Gruppe beginnt in einer anderen Ecke des Raumes.

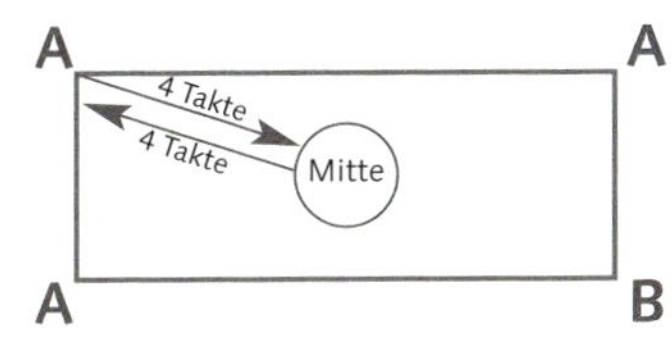

Kompass und Himmelsrichtungen

Häufig muss man sich in einer fremden Umgebung zurechtfinden. Dazu benutzt man Pläne und Karten. Mit ihrer Hilfe und den Himmelsrichtungen kann man sich besser orientieren.

Mit dem **Kompass** werden **Himmelsrichtungen** bestimmt. Er besteht aus einer **Windrose**, einer **magnetischen Nadel** und einem **Gehäuse**. Die Kompassnadel zeigt mit ihrer farbigen Spitze immer zur magnetischen Nordrichtung.

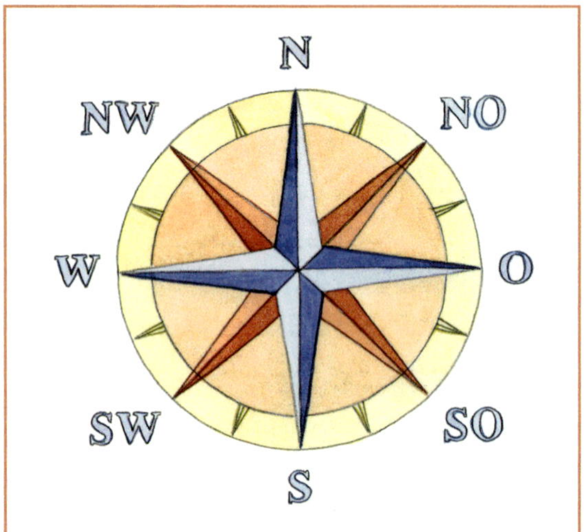

N: Norden	**S:** Süden
NO: Nordosten	**SW:** Südwesten
O: Osten	**W:** Westen
SO: Südosten	**NW:** Nordwesten

Windrose

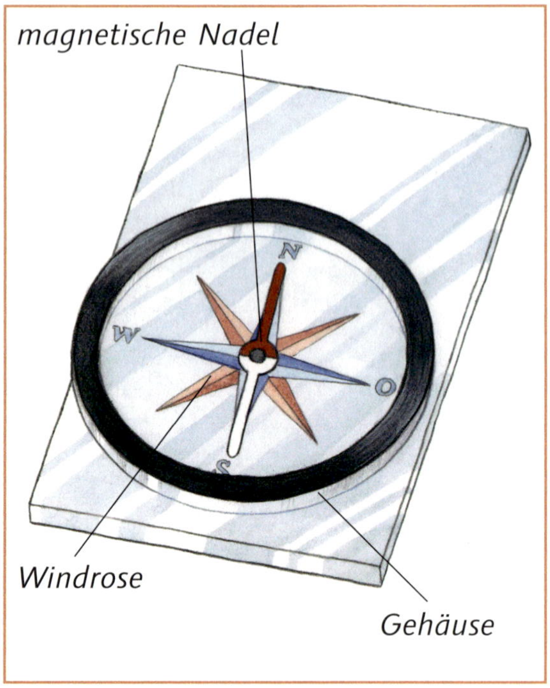

Kompass

Im Alltag wird selten ein Kompass benutzt. Auch ohne ihn kann man Himmelsrichtungen ungefähr bestimmen.

Eine Möglichkeit dazu bietet die **Armbanduhr**. Zuerst muss man den Stundenzeiger auf die Sonne richten. Zwischen dem Stundenzeiger und der Zwölf liegt ungefähr Süden.

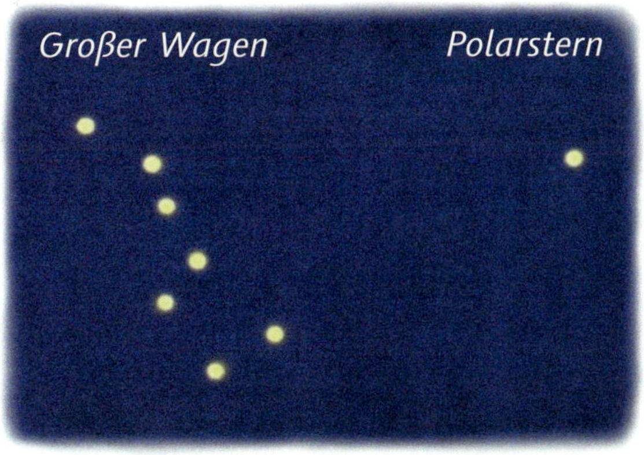

In einer wolkenlosen Nacht kann man ebenfalls Himmelsrichtungen bestimmen.
Der **Polarstern** leuchtet besonders hell. Er zeigt die Nordrichtung an. Mit Hilfe des Sternbilds „Großer Wagen" kann man ihn am Himmel finden.

Die **Baumrinde** an frei stehenden Bäumen kann auch bei der Bestimmung von Himmelsrichtungen helfen.
Moos wächst besser an der Westseite, weil von dort der Regen kommt.

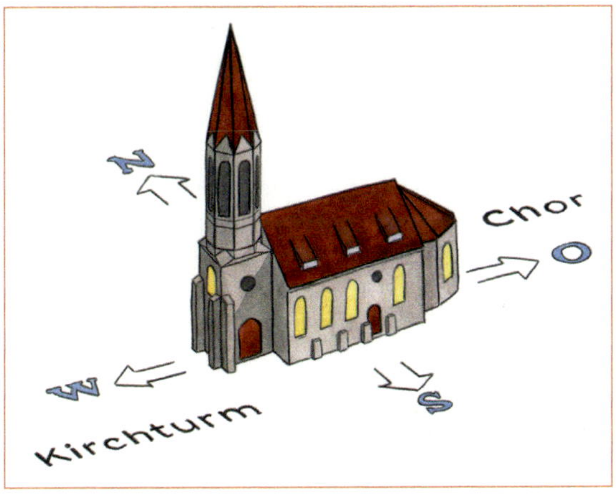

Viele **Kirchen** bei uns sind so gebaut, dass der Chor im Osten und der Kirchturm im Westen liegt.
Im Chor steht der Altar. Dieser zeigt zum Sonnenaufgang.

Im Osten liegt auch das Geburtsland von Jesus.

Gläubige Muslime beten fünfmal am Tag. Sie knien dabei auf einem Teppich. Er ist nach Osten ausgerichtet. In dieser Richtung liegt die Stadt Mekka mit ihren Heiligtümern.

1 Probiere eine der beschriebenen Möglichkeiten aus.
Kontrolliere mit einem Kompass.

2 Beim Aufhängen von Nistkästen für Vögel wird auch auf die Himmelsrichtung geachtet. Suche nach einer Erklärung.

Das Puppenhaus zeigt, wie man vor etwa 360 Jahren in einem vornehmen Haus gewohnt hat. Es war kein Spielzeug für Kinder. Erwachsene wollten ihren Kindern zeigen, wie man wohnt und seine Räume einrichtet, zum Beispiel ein Wohnzimmer oder ein Schlafzimmer. Ein Badezimmer mit Toilette oder ein Kinderzimmer wird man vergeblich suchen. Die Möbel wurden von Handwerkern hergestellt. Alles sollte so echt wie möglich sein.

1 Baut aus Pappkartons mehrere Räume und fügt sie zu einem Puppenhaus zusammen. Schneidet Fenster und Türen ein.

2 Bastelt unterschiedliche Möbelstücke aus Pappe oder Papier und richtet die Räume ein.

3 Zuletzt verschönert die Räume mit Tapeten, Vorhängen und Bildern.

Rund um Zeit und Raum

ZEITSCHÄTZER

Jedes Kind aus eurer Gruppe übernimmt eine Tätigkeit: den Boden fegen, Rechenaufgaben lösen, malen.
Ein Kind misst die Zeit und gibt ein Signal zum Starten. Dieses Kind bestimmt auch das Ende.

◎ Alle Kinder schätzen die Zeitspanne. Vergleicht mit der gestoppten Zeit. Sprecht darüber.

Ihr habt die Uhren, wir haben die Zeit.

Afrikanisches Sprichwort

ZEITGEDANKEN

Schreibe auf, was dir dazu einfällt.

WIE ZEIT VERGEHT

◎ Vergeht die Zeit langsam oder schnell? Spielt die Szenen nach. Sprecht darüber.

ECHO-SPIELE

Formt mit den Händen einen Trichter und probiert verschiedene Echorufe aus. Bildet mit der Klasse zwei Gruppen, die einander gegenüberstehen und abwechselnd das Echo rufen und dem Echo antworten.

Huuund — und und und

Beule — Eule Eule Eule

Wie heißt der Bürgermeister von Wesel? — Esel Esel Esel

Sommer

Lachend kommt der Sommer

M und T: Cesar Bresgen

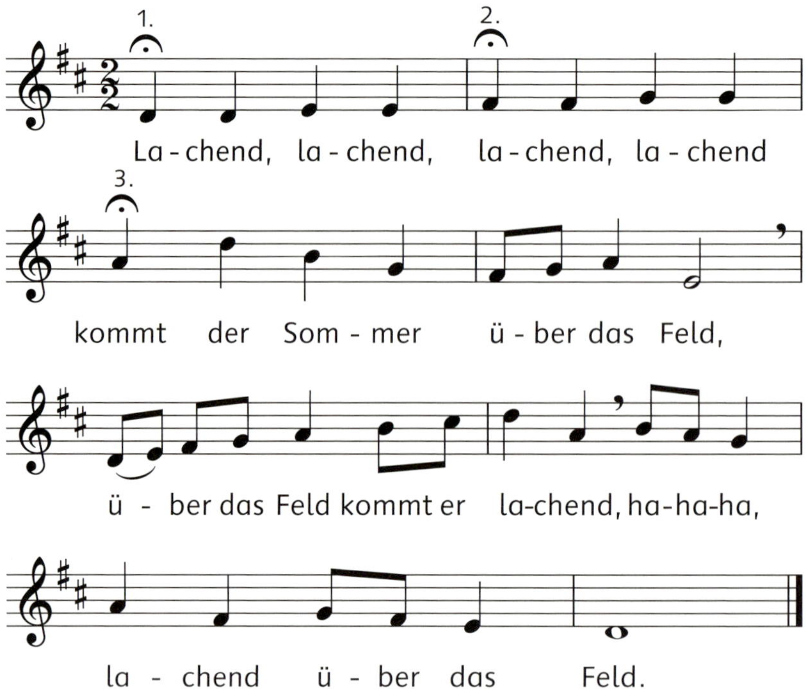

Das Gänseblümchen

Szenisches Spiel für 10 oder mehr Teilnehmer nach Karin Pfeiffer

Es spielen mit: Gänseblümchen, Zicklein, Ochse, Schwein, Frosch, Huhn, Pferd, Kuh, Schaf, Storch (und andere Tiere)

Ort: *Eine Weide, in der mittendrin das Gänseblümchen sitzt. Es sitzt während des ganzen Spieles still an seinem Platz. Auf dem Kopf trägt es einen Blütenkranz.*

Zicklein *(hüpft froh und lustig auf die Bühne)*: Heißa, hei! Meck-meck! Was für ein schöner Sommertag! Wie saftig grün die Wiese! Welch wunderbares Leben! *(erblickt das Gänseblümchen, besieht es von allen Seiten)* Eine Blume! Welch wunderhübsches Ding! So etwas habe ich noch nie gesehen! Was mag es wohl sein?

Frosch *(hüpft herbei)*: Quakquak, du kennst diese Blume nicht? Das ist eine Sonnenblume!

Beide stehen und betrachten das Gänseblümchen, derweil kommen nach und nach die anderen Tiere hinzu und mischen sich in das Gespräch ein.

Huhn: Nein, nein, das ist ein Veilchen!

Schwein: Du irrst, das ist eine Mohnblume! Grunz, grunz.

Zicklein: Wenn ihr mich fragt, es ist ein Gänseblümchen! Meck, meck!

Kuh: Du Dummkopf, muh! Das ist doch eine Kuhblume! Ich stehe den ganzen Tag auf der Weide, ich weiß das am besten.

Pferd: Ihhh-ihhh! Das ist doch keine Kuhblume! Es ist ein Vergissmeinnicht! Ihhh-ihhh!

Schaf: Eine Tulpe, eine Tulpe! Eine Tulpe, eine Tulpe!

Storch: Nein, nein, das ist ein Schneeglöckchen!

Die Tiere streiten, es kommen eventuell immer mehr Tiere dazu. Mitten in die Diskussion hinein kommt der Ochse auf die Bühne. Er tritt sehr selbstbewusst auf.

Ochse: Was ist denn hier los? Eine Versammlung?

Zicklein: Ja, lieber Ochse. Wir diskutieren gerade darüber, was wohl dies für eine Blume sein mag. *(zeigt auf das Gänseblümchen)*

Ochse *(betrachtet das Gänseblümchen, brüllt dann sehr laut)*: Na klar weiß ich, was das ist: Es ist eine Rose!

Frosch: Jeder sagt etwas anderes. Was für eine Blume ist es denn nun? Wer hat denn Recht?

Die Tiere sind verstummt, sie sehen ratlos aus und tuscheln untereinander.

Zicklein: Ganz klar, der Ochse.

Alle Tiere *(gleichzeitig)*: Und warum?

Zicklein: Er hat am lautesten gebrüllt!

Neu – alt – neu

Papierrecycling

Um die Umwelt zu schonen, ist es wichtig, **Abfall** so weit wie möglich zu vermeiden. Das ist aber nicht immer möglich. Ein Teil des Abfalls kann jedoch **recycelt** (wieder verwertet) werden. Neben Glas werden Papier, Pappe und Karton am häufigsten gesammelt und recycelt.
Es gibt vier verschiedene Möglichkeiten, **Altpapier** zu sammeln: Bei der **Altpapier-Bündelsammlung** muss das Papier in Kartons oder Papiersäcken gebündelt am Straßenrand stehen. Eine weitere Möglichkeit ist die **Papiertonne** oder der **Papiercontainer**. Dieser steht meist in der Nähe von Glascontainern. In manchen Gemeinden muss man das Altpapier auf den **Wertstoffhof** bringen.

Aber nicht jedes Altpapier darf in die Papiertonne oder auf den Wertstoffhof.

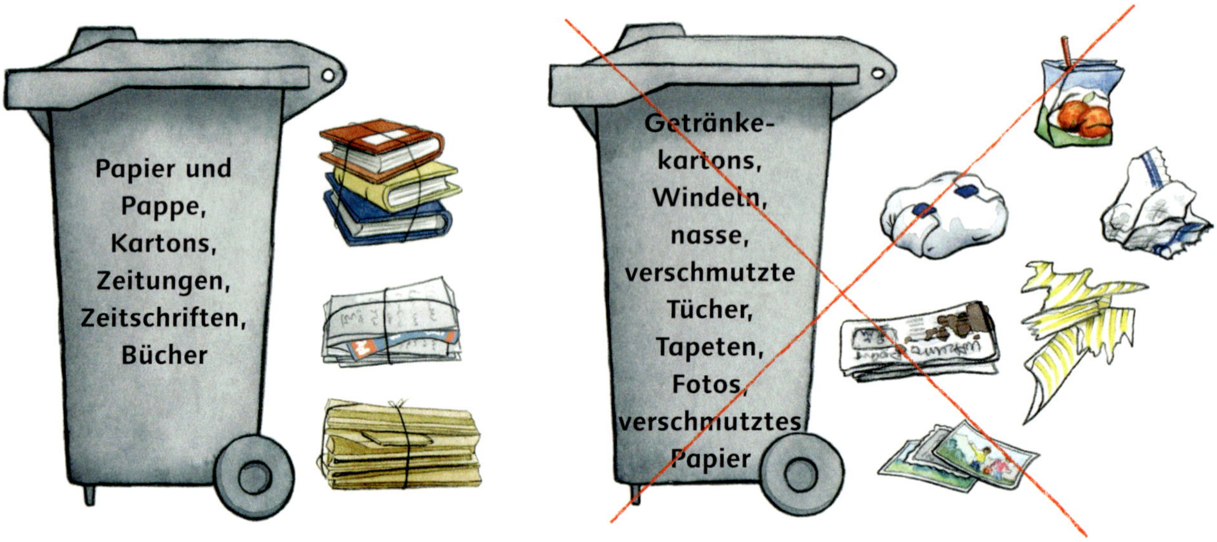

Aus dem gesammelten Altpapier können neue Produkte hergestellt werden.

1 Wie viel Altpapier fällt wöchentlich in deiner Klasse an?

2 Informiere dich, wie in deinem Ort Altpapier gesammelt wird.

Papierherstellung aus Altpapier

Papier besteht aus **Holzfasern**. Um bei der Herstellung von **Umweltschutzpapier** Holzfasern einzusparen, gibt man **Altpapier** hinzu. So wird Holz eingespart.

1. Das zusammengepresste Altpapier kommt in einen großen Bottich.

2. Die zusammenhaltenden Papierfasern werden im Wasser aufgelöst. Es entsteht ein Papierbrei.

3. Aus diesem Brei werden Büro- und Heftklammern, Reste von Leim und Lack und zu kurze Papierfasern entfernt.

4. Durch ein aufwendiges chemisches Verfahren wird die Druckfarbe aus dem Papierbrei herausgelöst.

5. Der gereinigte Faserbrei wird in die Papiermaschine gepumpt. Dort wird ihm Wasser entzogen. Er wird gepresst und getrocknet und anschließend auf große Rollen gewickelt.

6. Das so entstandene Papier wird zu neuen Papierprodukten verarbeitet.

Papiermaschinen können so groß wie zwei Fußballfelder sein.
Alle Arbeitsgänge laufen sehr schnell ab.
Eine Faser braucht bis zum fertigen Papier 12 Sekunden durch die Papiermaschine.

1 Beschreibe in Stichpunkten die Herstellung von Umweltschutzpapier aus Altpapier.

Papierqualität und Umweltschutz

Es gibt verschiedene **Papiersorten**. Sie unterscheiden sich durch die Qualität der **Rohstoffe**, aus denen sie hergestellt sind.
Neben **Umweltschutzpapier** gibt es auch hochwertiges Papier (**Feinpapier**). Es ist haltbarer, reißfester und saugfähiger. Man verwendet es beispielsweise für die Herstellung von Urkunden, Banknoten oder wertvollen Büchern. Auch Zeichenpapier und Schreibpapier können aus diesem Papier bestehen.

Bei der **Produktion** von Papier spielt auch der Stromverbrauch und der Verbrauch an Wasser eine wichtige Rolle. Das zeigt das folgende Schaubild.

Der **blaue Engel** ist ein Zeichen, das Produkte kennzeichnet, die besonders umweltfreundlich hergestellt sind.

Zu fällen einen schönen Baum,
braucht's eine halbe Stunde kaum.
Zu wachsen, bis man ihn bewundert,
braucht er, bedenk es, ein Jahrhundert.

Eugen Roth

1 Warum spricht man von Umweltschutzpapier? Wertet das Schaubild aus.

2 Notiere, wofür du hochwertiges Papier brauchst und wofür du Umweltschutzpapier verwenden kannst.

3 Wie kannst du deinen Papierverbrauch senken?

Mit Papier gestalten

Vor 200 Jahren waren Kinder vom **Papiertheater** begeistert.
Die Schauspieler auf der Bühne sind flache Papierfiguren, die von oben an Stäben geführt werden.

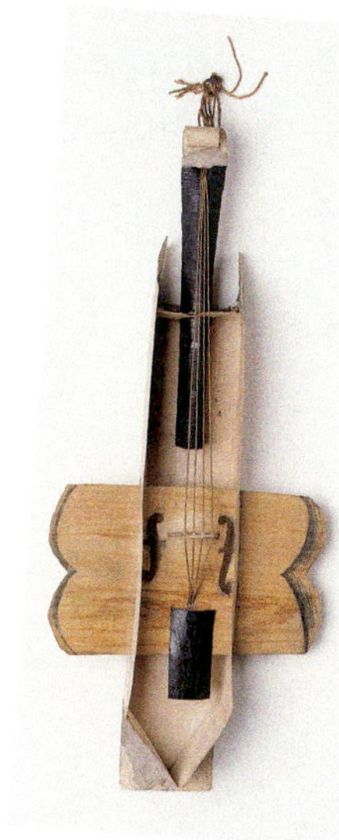

Pablo Picasso: Violine, 1912/13

Ob man auf der Violine von Pablo Picasso spielen kann?

Falten mit Papier: Am japanischen Kaiserhof vertrieb man sich mit **Origami** die Zeit.

Der Drache aus Papier ist ein **Scherenschnitt** und kommt aus China.

1 Gestalte mit Papier. Suche dir ein Beispiel aus.

Das große, kecke Zeitungsblatt

M: D. Kreusch-Jacob • T: J. Guggenmos

2. Herab die Straße im Galopp
kam es gelaufen, hopp, hopp, hopp.
Es hüpfte, hopste, tanzte.

3. Allmählich wurd es müd, es kroch,
es schlurfte nur, es schlich nur noch.
Und legte still sich nieder.

4. Da lag's, wie eine Flunder platt.
Dann aber tat das Zeitungsblatt
ganz plötzlich einen Sprung.

5. Stieg steil empor in kühnem Flug,
wobei es ein paar Saltos schlug,
und landete dann wieder.

6. Da saß es nun und duckte sich.
Jetzt krieg ich dich – doch es entwich
mit tausend Purzelbäumen.

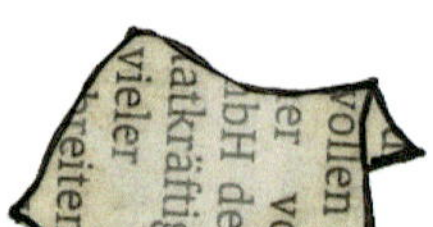

1 Nehmt Zeitungsblätter und verwendet sie als Instrument.
Ihr könnt damit reißen, knüllen, falten, schwingen, knallen, knistern ...
Welcher Klang passt zu den Strophen im Lied?

2 Ein Kind liest den Text des Liedes vor. Ein anderes Kind bewegt sich mit dem Zeitungsblatt dazu.

3 Setzt euch so in den Kreis, dass jeder den Rücken eines Nachbarn vor sich hat. Die Abenteuer des Zeitungsblattes könnt ihr als Massage auf dem Rücken spielen.

Kurt Schwitters: *Das Haar-Nabelbild*, 1920

Das Material für dieses Bild kommt aus dem Papierkorb:
Der Künstler **Kurt Schwitters** (1887–1948) hat verschiedene Papierarten auf eine Pappe geklebt und teilweise mit Farbe übermalt. Er verarbeitete aber nicht nur Papier, sondern auch anderen Abfall. Alle Dinge sind gleich wichtig auf dem Bild. Als Schwitters seine Bilder machte, war es neu, ein Kunstwerk mit Abfall zu gestalten. Der Künstler wollte mit seinen Bildern auffallen. Viele seiner Werke sind heute im Sprengel-Museum in Hannover ausgestellt.

Werden verschiedene Materialien wie Papier, Stoff oder andere Abfallstückchen zu einem Bild zusammengesetzt, nennt man das **Collage**.

1 Sammelt viele Arten von Papier. Gestaltet eine Papier-Ausstellung.

2 Füge verschiedene Papierstücke und andere kleine Fundstücke aus dem Alltag zu einer Collage zusammen.

Hinweise in Kleidungsstücken

Beim Kauf von Kleidung sollte man auf das **Material** und die **Pflegehinweise** achten. Sie geben wichtige Hinweise zum Tragen und Pflegen der Kleidung.
Es gibt Materialien, die ganz natürlich erzeugt werden, wie beispielsweise Baumwolle, Schafwolle und Seide.
Oft besteht Kleidung aus **Materialmischungen** oder künstlich erzeugten Fasern, wie beispielsweise Polyester, Acryl oder Viskose.
Jedes Material hat besondere **Eigenschaften**. So sind **Naturmaterialien** oft schwer zu pflegen und teuer, dafür aber sehr hautfreundlich.
Der Käufer muss entscheiden, welche Eigenschaften bei einem Kleidungsstück für ihn wichtig sind.
Das Material des Kleidungsstückes bestimmt die Pflegehinweise.

Pflegesymbole: Ist ein Symbol durchgestrichen, so darf man das Kleidungsstück so nicht behandeln.

Waschen erlaubt. Die Zahl zeigt die maximale Waschtemperatur an. Befindet sich unter dem Symbol noch ein Balken, sollte ein schonendes Waschprogramm gewählt werden.

Nur mit der Hand bei maximal 40 °C waschen. Nicht wringen, rubbeln oder reiben.

Kann in den Trockner.
Die Punkte geben die Trocknerstufen an.

Bügeln erlaubt, je höher die Punktzahl, desto heißer kann die Temperatur sein.

Nicht waschen, sondern in die Reinigung geben. Die Buchstaben sind Hinweise für die Reinigung.

Zur Schonung der Umwelt und des Kleidungsstückes sollte es nicht zu häufig gewaschen werden.
Die Waschtemperatur sollte möglichst niedrig gehalten werden.

Gebrauchte Kleidung kann in deutschen Städten an Hilfsorganisationen gegeben werden. Diese sammeln die Kleidung zu bestimmten Terminen ein oder stellen Altkleiderbehälter auf. Die Kleidung wird von der Hilfsorganisation an bedürftige Menschen weitergegeben.

1 Schau in deinem Pulli nach, wie du ihn waschen darfst. Aus welchen Materialien besteht er?

2 Kleidung schützt im Sommer vor Sonnenstrahlen. Welche Stoffe eignen sich besonders zum Schutz? Überlegt einen Versuchsaufbau.

Rund um das Papierschöpfen

PAPIER SELBST HERSTELLEN

Du brauchst dazu:
- Altpapier
- Mixer
- großes Gefäß
- Schöpfrahmen (Sieb)
- saugfähige Stofftücher

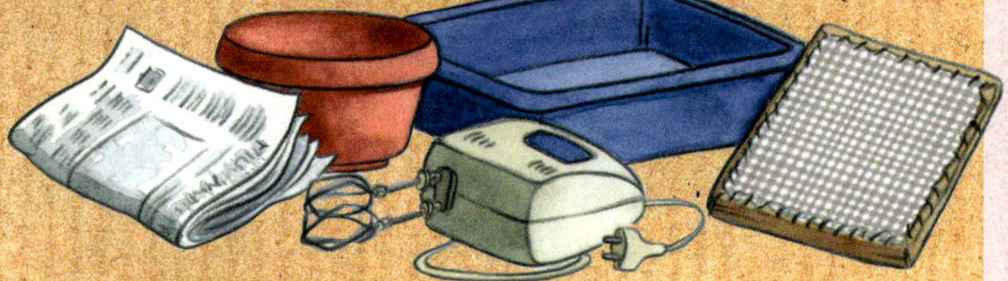

So wird es gemacht:

Zerreiße Altpapier in kleine Schnipsel. Weiche sie in Wasser ein und lasse sie über Nacht stehen.

Zermahle sie mit einem Mixer zu Brei und fülle den Brei in ein großes Gefäß.

Rühre den Brei um und gieße lauwarmes Wasser hinzu, bis ein wässriger Brei entsteht.

Tauche den Schöpfrahmen in den Brei und hebe ihn langsam heraus. Der Brei muss gleichmäßig auf dem Rahmen verteilt sein.

Wenn das Wasser abgetropft ist, drehe den Schöpfrahmen um. Drücke die Papierschicht vorsichtig auf ein saugfähiges Tuch aus.

Hebe den Schöpfrahmen ab. Zum Schluss lege das feuchte Papier zum Trocknen aus.

Wie kommt das Wasserzeichen ins Papier?

Lege auf den Schöpfrahmen ein kleine Form aus Draht. Binde diese Form fest. Beim Schöpfen sammelt sich an der Drahtform weniger Papierbrei. Wenn man das fertige Papier gegen das Licht hält, ist das Wasserzeichen gut zu erkennen.

Arbeitstechniken

Schätzen

Schätzen ist kein Raten.

1 Beim Schätzen helfen dir Maße, die du zum Vergleich nutzen kannst.

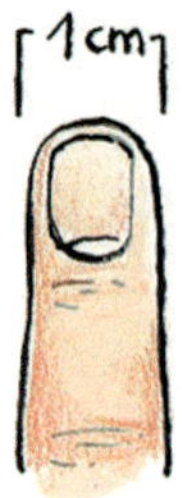

Fingerbreite

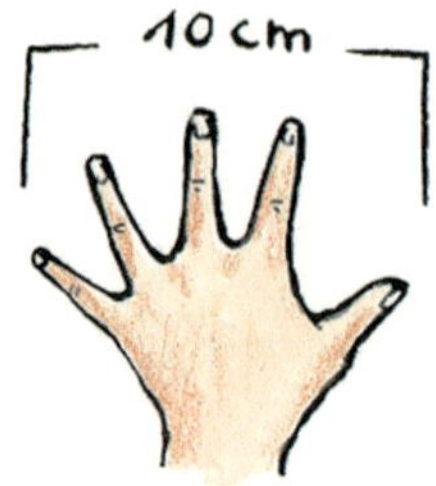

Fingerspanne

Armspanne

Länge des Klassenraums

2 Überlege, welches Vergleichsmaß für deine Schätzung geeignet ist. Die Länge eines Radiergummis wirst du sicherlich mit Hilfe der Fingerbreite schätzen.

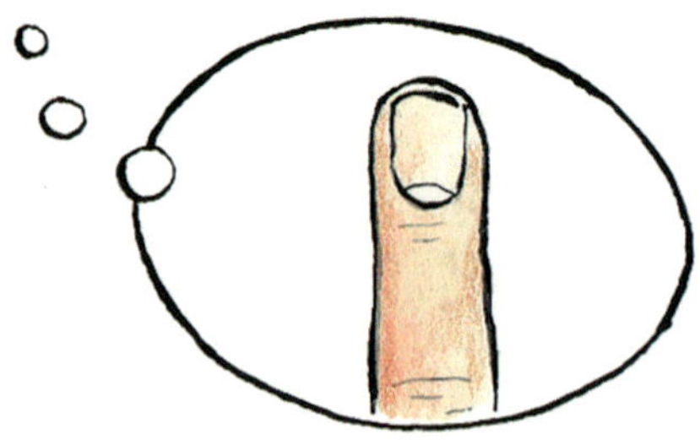

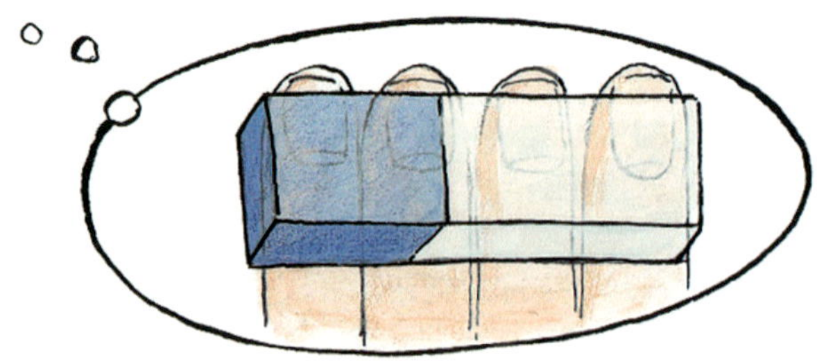

Auch eine Zeitspanne lässt sich schätzen. Nutze ebenfalls Vergleichsgrößen:

1 s

ein Atemzug

1 min

die Zeit, in der man von 21 bis 80 zählt

15 min

eine Hofpause

→ Seite 14

Diagramme und Tabellen lesen

Mit Hilfe von Diagrammen und Tabellen kannst du Informationen anschaulich darstellen.

Manchmal gibt es geeignete Zeichen, um die Größe einer Zahl zu veranschaulichen. In diesem Schaubild wird die Anzahl von Personen durch Männchen verdeutlicht.
Eine Legende macht die Darstellung verständlich.

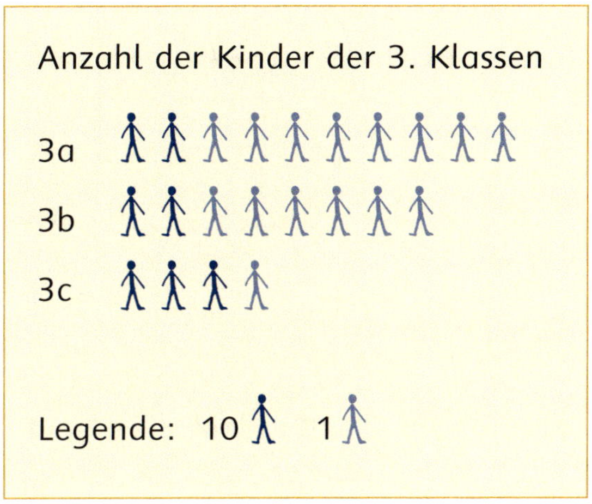

Säulendiagramme ermöglichen einen schnellen Vergleich zwischen Zahlen. Die Länge der Säulen verdeutlicht die Größe einer Zahl. Durch die Überschrift erfährst du, was durch die Säulen dargestellt wird.
Im Beispiel siehst du auf einen Blick, dass die Klasse 3c am größten ist.

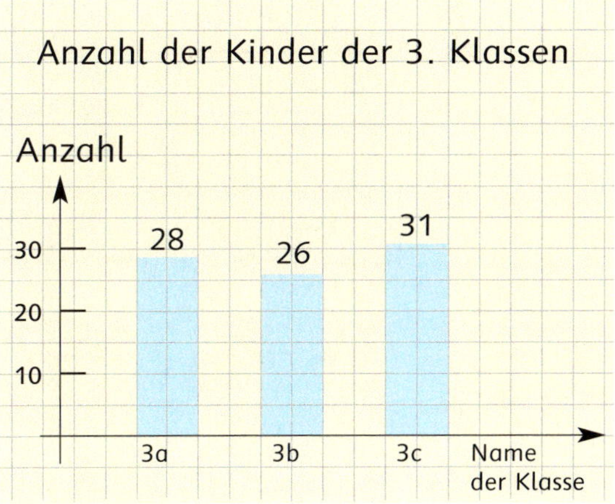

Eine Tabelle besteht aus Zeilen und Spalten. In einer Zeile stehen die Informationen nebeneinander, in einer Spalte untereinander.
Möchtest du wissen, wie viele Kinder in der 3b im Jahr 2003 waren, musst du in der dritten Spalte die Klasse suchen und in der 2. Zeile das Jahr.

Anzahl der Kinder der 3. Klassen

Schuljahr	Klasse		
	3a	3b	3c
2003	25	30	31
2004	27	31	30
2005	28	26	31

➜ Seite 17

Ein Gesicht zeichnen

Es gibt ganz unterschiedliche Kopfformen:

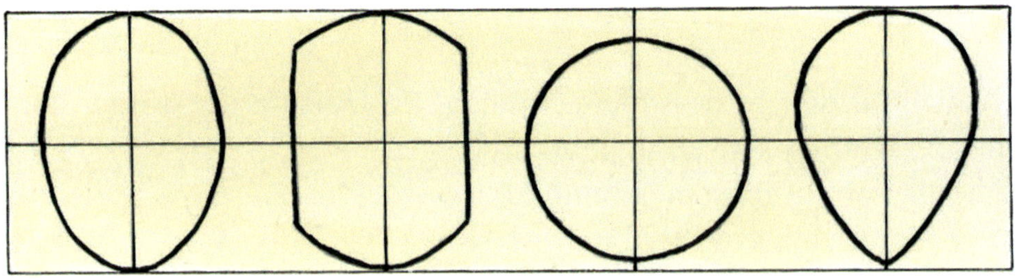

Die Kopfform teilt man in Linien ein. Dann werden in das Gesicht Augen, Nase, Mund und Ohren eingetragen. Vergiss nicht die Augenbrauen, Wimpern und Haare.

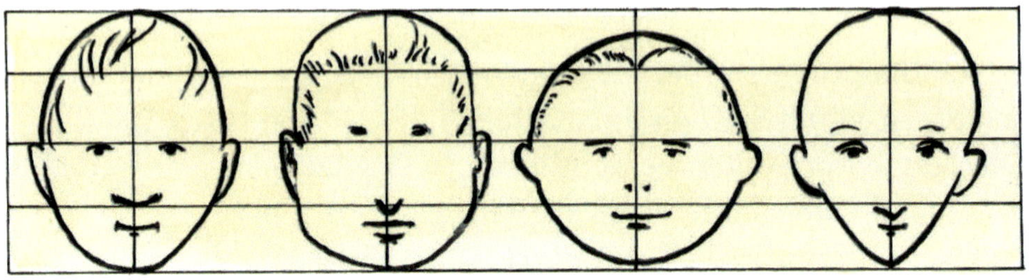

So kannst du ein Gesicht von der Seite (im Profil) zeichnen:

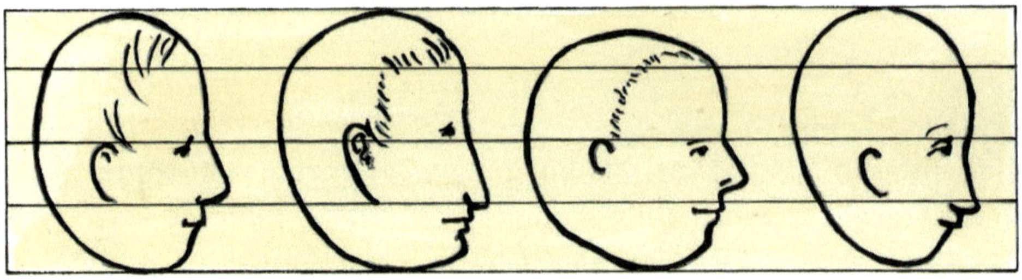

➜ Seite 22

Einen Sachtext verstehen

1 Lies den Text einmal durch.

2 Stelle dir Fragen zum Text:

Worum geht es in dem Text?

Was weiß ich bereits zu diesem Thema?

Was möchte ich noch wissen?

3 Lies den Text gründlich.

Unterstreiche wichtige Wörter.

Schafe sind **Herdentiere**. Sie fühlen sich nur in der Gruppe wohl.
Im Herbst paaren sich **Weibchen** und **Bock**. Das **Mutterschaf** bringt nach 150 Tagen Tragezeit im Frühling ein bis zwei **Lämmer** zur Welt.
Die Lämmer werden vom Mutterschaf drei bis vier Monate gesäugt.
Ihr Wollkleid ist ganz weich. Später wird es länger und schützt besser.
Die Schafe werden meistens einmal im Jahr (April/Mai), manchmal auch zweimal (Frühjahr und Herbst) geschoren. Das hängt davon ab, wie schnell das Wollkleid wächst. Das zusammenhängende Wollkleid heißt **Vlies**.

Unbekannte Wörter musst du in einem Lexikon nachschlagen.

Wenn du im Text nicht direkt arbeiten darfst, lege eine Folie darüber.

4 Schreibe wichtige Wörter aus dem Text heraus.
Manchmal sind diese sogar schon hervorgehoben.

Weibchen, Bock, paaren

zweimal im Jahr geschoren

5 Versuche mit deinen Notizen den Text wiederzugeben.
Du kannst ihn einem anderen Kind erzählen.

→ Seite 30

Experimentieren

Ein Experiment hilft dir, eine Frage zu beantworten.

Was löst sich in Wasser auf?

1 Welche Materialien benötigst du? Überlege einen Versuchsaufbau. Beschreibe Schritt für Schritt, wie das Experiment durchgeführt wird.

2 Vermute, was du beobachten wirst.

3 Führe das Experiment durch.

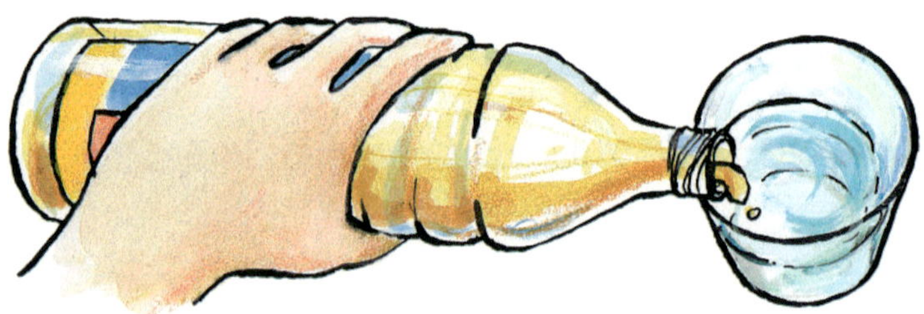

4 Beobachte und notiere deine Ergebnisse. Du kannst dafür eine Tabelle anlegen, eine Skizze anfertigen oder einen Text schreiben.

Stoff		Stoff ist mit dem Auge noch zu erkennen	Stoff ist mit der Lupe noch zu erkennen	Stoff ist nicht mehr zu erkennen
	Ich vermute			
	Ich beobachte			
	Ich vermute			
	Ich beobachte			
	Ich vermute			
	Ich beobachte			

5 Beantworte mit Hilfe der Ergebnisse deine Frage.

→ Seite 38

Sich bewegen – allein und mit anderen

Musik regt zum Tanzen an. Du kannst dich zusammen mit anderen nach einer Tanzanleitung bewegen oder du erfindest eigene Bewegungen.

Kreise Rücken, Arme und Beine:

Bewege dich wie Tiere:

schreiten schleichen hüpfen kriechen

So kannst du ein Partnerkind beim Tanzen anfassen:

So können sich viele Kinder aufstellen:

Schlange

Linie

Kreis

Tor

So könnt ihr euch durch den Raum bewegen:

➜ Seite 117

Zum Nachschlagen

A
Abfall 124
Achseln 59
Alkohol 39
Alte Staatsgalerie 110
Altpapier 124, 125
Altpapier-Bündelsammlung 124
Anfahren 68
Ansprache 20
Armbanduhr 118
Artname 86
aufmerksames Fahren 71
Ausläufer 79, 82
Ausweis 100
Auto 64
automobil 64
Autor 102
Außenthermometer 39

B
Bach, Johann Sebastian 98
Bartwuchs 59
Baumrinde 119
Beete 75
Begabungen 58
Begas, Karl 24
Benz, Carl 64
Benzinmotor 64
Bereiche 75
betriebssicheres Fahrzeug 66
Betriebssicherheit 67
Bibliothekarin 101
blauer Engel 126
Blick über die Schulter 68
Blitz 46, 47
Bock 30
Bodenbild 12
Bremse 67
Bremshebel 67
Brueghel, Jan 77
Brust 59

C
Celsius, Anders 39
Chlorophyll 78
Collage 129
Comic 22

D
Daimler, Gottlieb 64
da Vinci, Leonardo 67
Debussy, Claude 36
dehnen sich aus 39
de Hooch, Pieter 115
Diagramm 58
Dieselmotor 64
Dirigent/Dirigentin 19
Donner 46, 47
Druckerei 97
Druckplatte 96
Drüsen 60
Duchamp, Marcel 72
Dur 57
durchscheinend 49
durchsichtig 49
Dynamo 67

E
Eierstöcke 60
Eigenschaften 38
Eileiter 60
Einband 102
Eingabefeld 107
Eisenbahn 64
Eiskörner 44
Eiskristalle 44
Eizelle 60
Energie 78
Erdbeere 82
erhärten 40
Ernte 74, 82
essbare Pflanzen 74

F
Fachwerk 6
Fahrbahnrand 68
Fahrenheit, Gabriel 39
Fahrradhelm 66
Fahrtrichtung 68
Familienrat 23
Feinmalerei 115
Feinpapier 126
Felge 67
fester Stoff 38
Fischer, Philipp Moritz 65
Fleisch 31
Fleischschaf 31
Flugapparate 64
flüssig 40
Flüssigkeit 38
Fortbewegungsmittel 65
Früchte 79, 82
Frühling 82
Fust, Johann 97

G
Garn 33
Gas 38, 40
Gattungsname 86
Gebärmutter 60
Gebet 20
gebrochen 50
gefrieren 40
Gefrierpunkt 40
Gehäuse 118
gekämmt 33
Gemälde 7
geradlinig 49
Geschlechtsorgane 60
Glied 59, 60
Glossar 103
Gontscharowa, Natalia 72
Grad Celsius 39
Graupel 44
Greco, El 47
Grundriss 11, 110, 111
Gruppenbild 24
Gutenberg, Johannes 96
gymnastische Übungen 20

H
Hagel 44
Handgießinstrument 97
Handzeichen 68
Harnröhre 60
Haushaltsgeräte 7
Hausschaf 30
Heimatmaler 9
helle Kleidung 71
Herbst 82
Herdentiere 30
Himmelsrichtungen 118
hochelastisch 34
Hochrad 65
Hoden 60
Hofmann 97
Holzfasern 125
Holzplatte 96
Hüften 59
Humery, Konrad 97

I
ICE 64
Igel 82
Impressionisten 48
Inhaltsverzeichnis 102
Interessen 58
Internet 107
Internetadresse 107

K
Kahlo, Frida 54
Kälte 39, 40
Kapitel 102
Karte 13
Kehlkopf 59
Kette 67
Kindernotruf 62
Kinderparlament 26
Kinderschutzzentrum 62
Kirchen 119
Klappentext 103
Klassenregeln 25
Kleidung 8, 130
kleine Eiskörner 44
knitterarm 34
Kohlendioxid 78
Kompass 118
Kompromiss 23
kondensieren 42
Koppel 35
Kreislauf 42
Kummerkasten 25

L
Lamm 30
Landschaf 31
Landschaftspflege 35
Landwind 45
Lanolin 32
Laufmaschine 65
Laufrad 65
Legende 13
Legierungen 96
Lenker 68
Lettern 97
Licht 49, 67, 78
Lilienthal, Otto 64
Lindbergh, Charles 64
Links 107
lösen sich auf 38
Luft 78
Luftpolster 34
Luftsäule 92

M
magnetische Nadel 118
Material 130
Materialmischungen 130
Matisse, Henri 114
Medien 100
Mediothek 100
Medium 100
Milch 31
Milchschaf 31

Mineralien 78
Miró, Joan 34
Mobilität 64
Modell 10
Moll 57
Monatsblutung 60
Monet, Claude 48
Mufflon 30
Mutterschaf 30

N

Nährstoffe 78
Nahrungsbeziehungen 83
Naturmaterialien 130
naturnaher Garten 75
„Nein“ sagen 61
Neue Staatsgalerie 111
Newton, Isaac 50
Niederrad 65
Niederschlag 42
North, Timothy 93
Notenlinien 113
Nutzgarten 75
Nützlinge 75
Nutzpflanzen 74

O

Origami 127
Ortschronik 6
Ortsplan 14
Otto, Nikolaus August 64

P

Papier 125
Papiercontainer 124
Papiersorten 126
Papiertheater 127
Passagierflugzeug 64
Periode 60
Pflegehinweise 130
Planquadrate 14
Polarstern 119
Prisma 50
Pubertät 59

Q

Quecksilber 39

R

Radwege 65, 71
Rathaus 26
Ready-made 72
recherchieren 101
recyceln 124
Regeln 18, 20
Regen 44
Regenbogen 50
Register 103
Reich, Steve 73
Reifezeit 59
Rituale 20
Rohstoffe 126
Rohwolle 31, 32

S

Saint-Saëns, Camille 84
Samen 79
Samenerguss 60
Samenleiter 60
Samenzelle 60
Sauerstoff 78
Sauter, Johann Georg 7, 8
S-Bahn 64
Schädlinge 75
Schaf 30
Schafarten 31
Schafscherer 32
Schamgegend 59
Schatten 49
Schaubild 58
Scheide 60
Scherenschnitt 127
Schleimhaut 60
Schmelzpunkt 40
Schnee 44
Schrägluftbild 12
Schuluniform 20
Schulz, Charles M. 22
Schumann, Robert 117
Schutzkleidung 66
Schüz, Theodor 9
Schwäbische Alb 35
Schwitters, Kurt 129
Seewind 45
Selbstbildnis 54
Selbstporträt 54
Senkrechtluftbild 13
Sichthindernisse 71
Siedepunkt 40
Signatur 100
Sirtaki 105
Sitzungen 26
Skala 39
Skizze 10, 90
Smithson, Robert 17
solo 98
Sommer 82
Sonne 42

Sonnenlicht 78
Spannung 92
Spektralfarben 50
Spektrum 50
spiegelverkehrt 96
Sportgerät 65
staccato 117
Stadtarchiv 6
Stadtmauer 6
Stadtplan 14
Standort 101
Stecklinge 79
Stephenson, Georg 64
Stichwort 101
Stichwortregister 103
Stickstoff 78
Stillleben 77
Stimmbruch 59
Stirling, James 111
Stoffe 38
stoßen sich ab 38
Straßennamen 7
Straßenverkehrsordnung (StVO) 68, 70
Strauss, Richard 46
Streit 23, 25
Streitenden wegführen 25
Streitschlichter 25
Strom 67
Suchbegriff 107
Suchmaschinen 107
symmetrisch 110

T
Teilung 79
Tempel 106
Thermometer 39
Tinguely, Jean 95
Titel 102
Toter Winkel 71
transparent 49
Traubenzucker 78
Tretkurbelrad 65
Triebwege 35
Trommelröhre 92
tutti 98

U
U-Bahn 64
Uecker, Günther 90
Umweltschutzpapier 125, 126
undurchsichtig 49

V
van Beethoven, Ludwig 112
verdunsten 42
verfremden 90
verkehrssicher 66
vermehren 79
vermischen sich 38
versponnen 33
vertraulich 62
Vlies 30, 32
von Barth, Georg Gottlob 110
von Drais, Karl 65
von Linné, Carl 86
von Nassau, Adolf 97
Vorbeifahren 69
Vorfahrt 70
Vorhaut 60

W
Wacholderheide 35
Wanderschäferei 35
Wandteppich 34
Wärme 34, 39, 40
Waschmaschinen 32
Wasser 78
Wasserdampf 42
Wasserkreislauf 42
Webern, Anton 112
Weibchen 30
wenig Licht hindurch 49
Wertstoffhof 124
Wildpflanzen 74
Wildschaf 30
Windrose 45, 118
Winter 82
Winterschlaf 82
wissenschaftlicher Name 86
Wolke 42
Wolle 31, 34
Wollkämmerei 32
Wollschaf 31
Wollspinnerei 33
Wort zum Tag 20

Z
Zahnräder 67
Zeitzeugen 6
Zeugnisse 6
ziehen sich zusammen 39
züchten 74
Zusammenleben 18

Das bedeuten die Zeichen:

Pauke

Trommel

Klanghölzer

Bongos

Maracas (Rasseln)

Triangel

Stabspiele

Blockflöte

Zimbeln

Cabasa

schnipsen

klatschen

Betrachte das Bild mit einer Lupe.

Dieses Lied oder Musikstück ist auf der Begleit-CD zu finden.

Nehmt eure Musik mit einem Aufnahmegerät auf.

Bildquellenverzeichnis

S. 6 oben: Foto Hugelmann, Leutkirch; S. 6 Mitte: ullstein-bild, Berlin/Stein; S. 6 unten: Hans-Peter Hartmann, Neu-Ulm; S. 7 oben: akg-images, Berlin; S. 7 unten: Johann Georg Sauter: Oberschwäbischer Jahrmarkt (1836, Öl/Leinwand, 70 x 85,5 cm, Landratsamt Ravensburg); S. 8 Mitte: Trachtenmuseum Haslach/Krafczyk; S. 8 unten links: BildArt Photo Volker Döring, Hohen-Neuendorf; S. 8 unten rechts: Walz, Bisingen; S. 9: Theodor Schüz: Mittagsgebet bei der Ernte (1861, Öl/Leinwand, 108,5 x 172,5 cm, Staatsgalerie Stuttgart); S. 10: Renate Niklausen, Ulm; S. 11:Höffner (Schrank), Ikea (Bett); S. 12/ 13 oben: Cornelsen Verlag, Berlin; S. 13 unten: Dr. Volkhard Binder, Berlin; S. 15 oben: Peter Wirtz, Dormagen; S. 15 links: BildArt Photo Volker Döring, Hohen-Neuendorf; S. 15 Mitte: M. Matthias Amme, Potsdam; S. 15 oben links: Fotofinder/Matthias Luedecke; S. 15 unten rechts: Helmut Ölschlegel, Bamberg; S. 16 links: Fotofinder/CARO; S. 16 Mitte: Birnauer Kantorei/Klaus Reiners; S. 16 rechts: BildArt Photo Volker Döring, Hohen-Neuendorf; S. 17 oben Mitte: Renate Niklausen, Ulm; S. 17 oben rechts: Fotofinder/CARO; S. 17 unten: Robert Smithson (1938-1971): Spiral Jetty, April 1970 (Rozel Point, Great Salt Lake/Utah; Schlamm, überdeckendes Salz, Kristalle, Steine), © VG Bild-Kunst Bonn, 2004; S. 18 oben links: picture-alliance/dpaweb/Tony Marshall; S. 18 oben rechts: Stefan Wagner, Berlin; S. 18 unten rechts: Peter Wirtz, Dormagen; S. 19: Gewandhaus zu Leipzig; S. 20: Stefan Wagner (betende Kinder), Berlin; picture-alliance/dpa/Gunilla Graudins (afrikanische Kinder); Black Star, New York/Ravensburger Buchverlag (3); S. 21 links: picture-alliance/dpa-Sportreport/Hellmann; S. 21 Mitte: BildArt Photo Volker Döring, Hohen-Neuendorf; S. 21 rechts: Peter Wirtz, Dormagen; S. 22: © 1959 United Feature Syndicate, Inc.; S. 23: Peter Wirtz, Dormagen; S. 24: Carl Joseph Begas d. Ä.: Die Familie Begas (1821, Öl/Leinwand, 76 x 85,5 cm, Köln, Wallraf-Richartz-Museum); S. 26 oben rechts: Landtag von Sachsen-Anhalt/Kinder- und Jugendparlament/Werner Klapper; S. 26 unten: Stadt Luzern (CH) Kinder- und Jugendparlament; S. 30 oben: NaturBild Archiv Harald Lange, Bad Lausick; S. 30 unten: Reinhard-Tierfoto, Heiligkreuzsteinach; S. 31oben/2. v. o.: blickwinkel.de/Sailer/Schnizler/I. van Haan; S. 31 3. v. o.: NaturBild Archiv Harald Lange, Bad Lausick; S. 31 unten: Reinhard-Tierfoto, Heilgkreuzsteinach; 32 oben links: picture-alliance/dpa/ZB/Wüstneck; 32/33: Bremer Wollkämmerei (4); S. 34 oben: Stefan Wagner, Berlin; S. 34 unten: Joan Miró/Josef Royo: Wandteppich der Fondation Miró (1979, Wolle, 750 x 500 cm, Fundació Joan Miró, Barcelona), © VG Bild-Kunst Bonn, 2004/Succession Miró; S. 35 oben: Reinhard-Tierfoto, Heiligkreussteinach; S. 35 Mitte: NaturBildArchiv Harald Lange (3), Bad Lausick; S. 36 oben: Aelbert Cuyp (1620–1691): Schafherde auf der Weide (o. J., Öl/Holz, 49,3 x 74,3 cm, Frankfurt am Main, Städelsches Kunstinstitut); S. 36 unten: akg-images; S. 38 oben: Stefan Wagner, Berlin; S. 38 unten: Corel-Library, Cornesen Verlag; S. 40 oben: picture-alliance/dpa; S. 40 Mitte: Stefan Wagner, Berlin; S. 40 unten: Mauritius/Nakamura; S. 41 Mitte: Stefan Wagner, Berlin; S. 46: picture-alliance/dpaweb/Füger; S. 47: El Greco (eigentl. Domenikos Theotokopoulos): Toledo im Gewitter (um 1605, Öl/Leinwand, 121 x 109 cm, Metropolitan Museum of Art, New York, H. O. Havemeyer Collection); S. 48: Claude Monet (1840-1926): L'impression (Sonnenaufgang im Hafen von Le Havre, 1872, Öl/Leinwand, 48 x 63 cm, Museé Marmottan, Paris); S. 49: Stefan Wagner (3); Berlin; S. 50: focus, Hamburg/A. Pasieke; S. 51: Matthias Broneske (2), Berlin; S. 54 oben: Frida Kahlo: Selbstbildnis mit Dornenkette und Kolobri (1940, Öl/Hartfaser, 60 x 40 cm, Harry Ransom Humanities Research Art Collection, University of Texas, Austin); S. 54 unten: Nickolas Murray, International Museum of Photography, George Eastman House, Rochester, New York; S. 55 unten links: Gabriela Korup, Berlin; S. 55 oben links/ Mitte rechts: Michaela Böttcher, Stuttgart; S. 55: Saskia Klemm (4), Berlin; S. 59: Superbild (Mann), Superbild/ESB (Junge und Mädchen), IFA/M. Pont (Frau), S. 62: Peter Wirtz, Dormagen; S. 63: Thomas Trautmann, Eisenach; S. 64 oben links: Fotofinder/Graffitti/J. E. Roettger; S. 64 Mitte: Daimler-Chrysler AG, Stuttgart; S. 64 unten: Fraport, Frankfurt am Main; S. 65 2. v. o./unten: Deutsches Fahrrad Museum, Bad Brückenau; S. 65: Archiv für Kunst und Geschichte (2), Berlin; S. 66: Peter Wirtz, Dormagen; S. 68:Peter Wirtz, Dormagen; S. 70: Verlag Heinrich Vogel GmbH, München; S. 71 oben: Verlag Heinrich Vogel GmbH, München; S. 71: Peter Wirtz (3), Dormagen; S. 72 oben: Marcel Duchamp: Fahrrad-Rad (1913, 4. Fassung/Ulf Linde, 1961, Fahrradgabel mit Rad auf weiß bemaltem Hocker, H 125, Moderna Museet, Stockholm), © VG Bild-Kunst Bonn, 2004; S. 72 unten: Natalia Gontscharowa: Der Radfahrer (1912/13, Öl/Leinwand, 79 x 105 cm, Staatliches Russisches Museum, St. Petersburg), © VG Bild-Kunst Bonn, 2004; S. 74 Mitte 2. v. l.: picture-alliance/OKAPIA KG/Reinhard; S. 74 3. v. l.: ullstein-bild; S. 74: NaturBildArchiv Harald Lange (4); S. 74 unten: akg-images; S. 75: NaturBildArchiv Harald Lange, Bad Lausick; S. 77: Jan Brueghel d. Ä.: Blumenstrauß (1606/08, Öl/Eichenholz, 125,5 x 96 cm, Alte Pinakothek, München); S. 81:Edelfräulein mit Fabelwesen (1410/20, Ausschnitt aus: Sechs Edelleute mit Fabeltieren, Wirkteppich/Wandbehang, linkes Teilstück, 71 x 208 cm, Historisches Museum Basel); S. 85 Oberrheinischer Meister: Das Paradiesgärtlein (um 1410, Öl/Holz, 26,3 x 33,4 cm, Frankfurt am Main, Städelsches Kunstinstitut); S. 86 oben rechts/links: akg-images; S. 86: NaturBildArchiv Harald Lange (4), Bad Lausick; S. 87 oben/Mitte: Stefan Wagner, Berlin; S. 87 unten: Gabriele Heidenreich, Heiligenberg; S. 90 Günther Uecker: Rasenmöbel (1963, Nägel auf Holz, 120 x 45 x 45 cm, Sammlung Werner und Anita Ruhnau, Essen), mit frdl. Genehmigung von Günther Uecker, Düsseldorf; S. 91: mit frdl. Genehmigung von Günther Uecker, Düsseldorf; S. 93 aus: Heart & Hands. Musical Instrument Makers of America. Könemann Verlagsgesellschaft 1999; S. 95 oben: Jean Tinguely: Fatamorgana/Méta-Harmonie IV (1985, 420 x 1250 x 220 cm, Museum Tinguely, Basel); © VG Bild-Kunst Bonn, 2004; S. 95 unten: Jean Tinguely: Eureka 63-64 (1964, Filzstift auf Papier, 21 x 29,5 cm, Museum Tinguely, Basel); © VG Bild-Kunst Bonn, 2004; S. 96 oben/unten: akg-images; S. 96 Mitte: Sammlung Peter Hartmann, Berlin; S. 97 oben rechts: Gutenberg-Museum, Mainz; S. 97 Mitte: Cornelsen Verlag, Berlin; S. 97 unten: akg-images/Erich Lessing; S. 98 links: picture-alliance/ZB/Fotoreport; S. 98 Mitte: Archiv für Kunst und Geschichte, Berlin; S. 98 rechts: akg-images; S. 100/101: Stefan Wagner, Berlin; S. 102/103: mit frdl. Genehmigung Bezirkszentralbibliothek Berlin-Tempelhof; S. 104, Instrumente: Rolf Irle, Wolfenbüttel; S. 106: picture-alliance/akg-images; S. 108 oben: Alexandra Scheunert; Athen; S.107 mit frdl. Genehmigung: HEUREKA. Informationen für Schüler und Eltern zum Griechischunterricht. Hrsg. vom Deutschen Altphilologenverband (Reinhard Bode, Michael Holz, Stefan Kipf, Brigitte Wilke u. a.); S. 108 unten: Stephanie Schwärzler; Athen; S. 109 unten: akg-images; S. 114 oben: Henri Matisse: Petit interieur bleu (1947, Öl/Leinwand, 55 x 46 cm, Staatsgalerie Stuttgart), © VG Bild-Kunst Bonn, 2004/Succession H. Matisse; S. 114 unten: Henri Matisse: Interieur rouge (1947, Öl/Leinwand, 116 x 89 cm, Kunstsammlung Nordrhein-Westfalen, Düsseldorf), © VG Bild-Kunst Bonn, 2004/Succession H. Matisse; S. 115 Pieter de Hooch: Die Mutter (um 1670, Öl/Leinwand, 92 x 100 cm, Staatliche Museen zu Berlin/Preußischer Kulturbesitz-Gemäldegalerie), bildarchiv preussischer kulturbesitz; S. 117: picture-alliance/akg-images; S. 120: Germanisches Nationalmuseum, Nürnberg; S. 121: Christoph & Friends/Das Fotoarchiv, Essen/Friedrich Stark; S. 127 oben links: akg-images; S. 127 oben rechts: Pablo Picasso (1881-1973): Violine (Jolie Eva) (1912/13), Papier, Pappe, Schnüre, 60 x 81 cm, Staatsgalerie Stuttgart), © VG Bild-Kunst Bonn, 2004/Succession Picasso; Mitte: Wolfgang Alisch, Berlin (Vorlagen: M. Christian Weinert, Neulußheim); S. 127 unten: Superbild; S. 129: Kurt Schwitters: Das Haar-Nabelbild/Merzbild 21 b (1920, Material- und Papiercollage auf Pappe, 101 x 82 cm, Staatliche Kunsthalle Karlsruhe), © VG Bild-Kunst Bonn, 2004.

Textquellen

S. 126: Eugen Roth: Der Baum. Aus: Hans-Joachim Gelberg (Hrsg.); Der fliegende Robert. Weinheim: Beltz Verlag. Programm Beltz&Gelberg 1977.

Jo-Jo

Sachunterricht 3

Erarbeitet von
Michaela Böttcher, Carina Braun, Gabriele Engels,
Michaele Furgber, Hans Peter Hartmann, Gabriele Heidenreich,
Renate Niklausen, Heike Rinderknecht
und der Cornelsen Redaktion Primarstufe

unter Beratung von
Ulrike Heuer, Herrenberg; Gabriela Schlesiger, Freiburg

Redaktion
Britta Frosina, Ute Kister

Illustration
Anja Drescher, Steffen Faust, Heike Herold, Sandra Menke,
Ute Thönissen, Barbara Korthues (Umschlag)

Bildrecherche
Peter Hartmann

Layout-Konzept
tritopp, Berlin

Layout und technische Umsetzung
Saskia Klemm

Cornelsen online http://www.cornelsen.de

1. Auflage, 1. Druck 2005

Alle Drucke dieser Auflage sind inhaltlich unverändert
und können im Unterricht nebeneinander verwendet werden.

Druck: CS-Druck CornelsenStürtz, Berlin

ISBN 3-464-80021-0

Bestellnummer 800210

Gedruckt auf säurefreiem Papier,
umweltschonend hergestellt aus chlorfrei gebleichten Faserstoffen.